美しい苔の庭

京都の庭園デザイナーがめぐる

JAPANESE MOSS GARDEN

烏賀陽百合

X-Knowledge

苔に心惹かれるのはなぜだろう。美しい苔の庭を見ると心が落ち着く。苔むした景色に悠久を感じる。時間をかけてゆっくりと育つ苔には、人智を超えた不思議な魅力がある。

苔は古くは「木毛、小毛（こけ）」と書かれていた。「木に生えた小さな毛の様な植物」とはピッタリだ。自然の中でひっそりと育つこの不思議な植物に、日本人は古の時代から心惹かれてきた。

季語の「苔の花」とは、梅雨や仲夏を表す言葉。苔は胞子を飛ばして増える植物なので花は付けない。花と表現されているのは「胞子体」のこと。先端の蒴（さく）の中で胞子が成熟すると、風にのって飛んでいく。胞子体のことを「花」に喩（たと）えるとは、なんて素敵な表現だろう。私達の祖先がいかに細やかに苔を観察し、慈しんできたかがよくわかる。

苔の庭には日常の喧騒を離れた、穏やかで豊かな景色が広がっている。きっとその景色があなたの心の拠り所となってくれるだろう。

さあ、苔の庭へ、誘われよう。

わが君は
千代に八千代に
さざれ石の
巌となりて
苔のむすまで

（読人知らず――「古今和歌集」）

円通院（宮城県）≫ p.92

苔に悠久の刻を感じた日本人たち

苔は古来から日本人にとって特別な植物だった。平安時代前期に編纂された古今和歌集に「わが君は　千代に八千代に　さざれ石の　巌となりて　苔のむすまで」がある。

「あなたには、細かい石が大きな石となり、そこに苔が生えるまでの長い間、長生きして欲しい」という意味で、苔が「永続性」を表している。石に苔むす風景は、日本人にとって長い時の経過を感じさせる情景。私達日本人は、「時間の流れを感じさせる景色」をこよなく愛する民族なのだ。

歌には日本人の苔に対する愛情や自然観も表れている。苔が育つには時間と手間がかかる。今も昔も変わらない、私達の自然を慈しむ気持ちを歌から感じる事ができる。

苔と日本庭園

苔は平安時代の「作庭記」にも見られるように古来より日本庭園で用いられてきた。庭園において苔は、大海や島、陸地など、自然の風景を表している。「白砂が海、苔地が陸」という場合や、苔一面が大海でそこに浮かぶ島を石で表したり、苔地で洲浜の美しい曲線や亀島を表現する場合もある。

苔の緑が庭園の中にあると、石や白砂の庭に彩りが生まれる。そして固い材質のものを柔らかく見せる効果がある。苔は自然の風景を作るだけでなく、庭に優しい表情を加える。

苔が用いられた理由には、日本の多湿な気候が苔の生育に適していることもある。庭園文化の中心の京都は三方が山に囲まれた盆地で、湿潤な土地のため苔が生えやすい。そして苔は冷涼な空気を好むので、山際や川沿いの場所が適している。東山周辺や嵐山などの山際には美しい苔の庭園が多いのはそのためだ。また庭園の楓などの木々の下はちょうど良い「木漏れ日」を作るので、美しい苔が育ちやすい。苔は暗い所で育つイメージだが、適度な光を必要とするからだ。庭師によって手入れされた庭園は苔にとっても理想的な環境だと言えるだろう。

西芳寺 ≫ p.12

目次

貞観園 ≫ *p.124*

ブックデザイン 湯浅哲也
撮影 野口さとこ
印刷 シナノ印刷

本書に掲載の庭園リスト

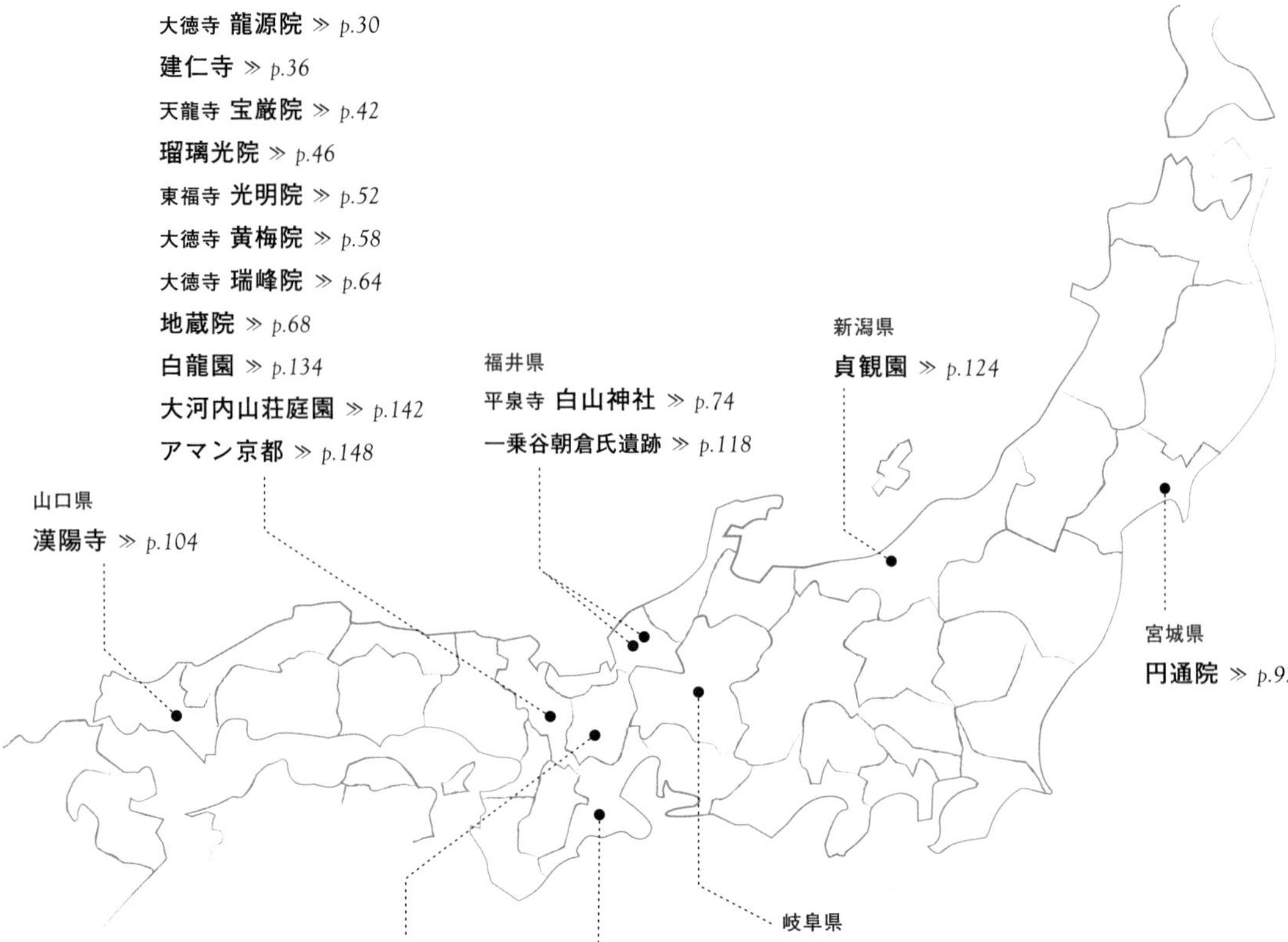

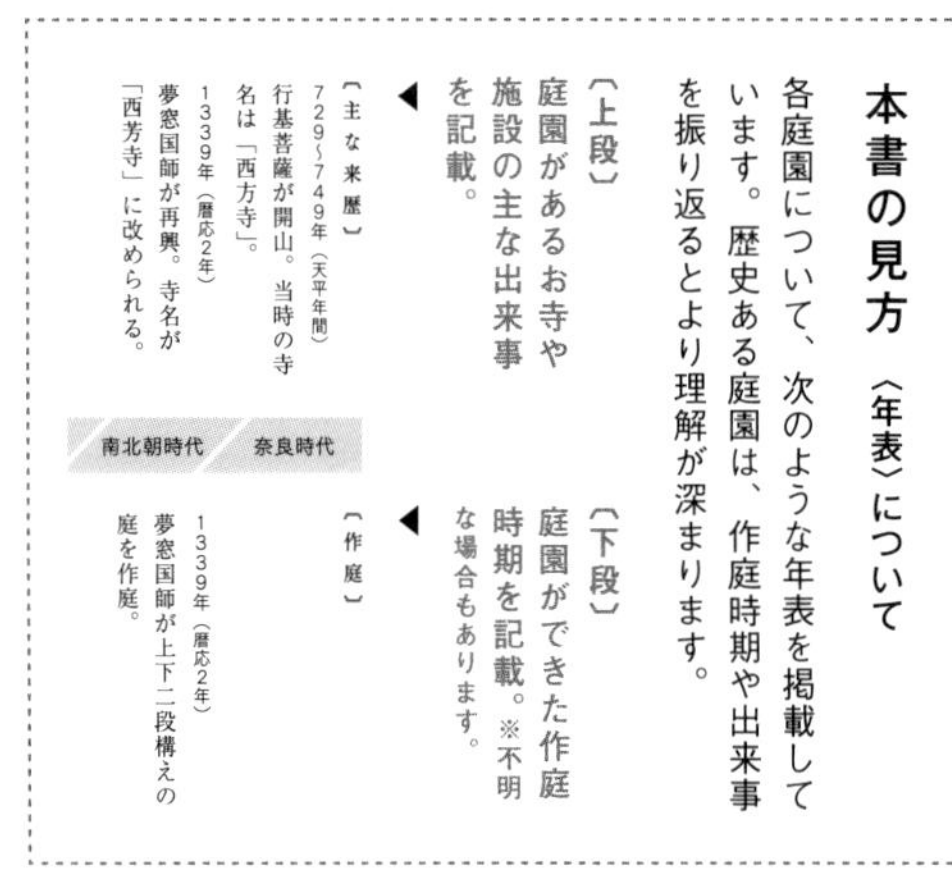

本書の見方〈年表〉について

各庭園について、次のような年表を掲載しています。歴史ある庭園は、作庭時期や出来事を振り返るとより理解が深まります。

〔上段〕
庭園があるお寺や施設の主な出来事を記載。

〔下段〕
庭園ができた作庭時期を記載。※不明な場合もあります。

▼【主な来歴】
729~749年（天平年間）
行基菩薩が開山。当時の寺名は「西方寺」。
1339年（暦応2年）
夢窓国師が再興。寺名が「西芳寺」に改められる。

奈良時代 ｜ 南北朝時代

▼【作庭】
1339年（暦応2年）
夢窓国師が上下二段構えの庭を作庭。

• 本書に掲載した庭園や施設の内容は、2021年1月現在のものです。記載内容について変更が生じる場合があるため、ご了承下さい。
• 通年公開と期間限定で公開している庭があります。お出かけの際は、事前にご確認下さい。

日本一有名な苔の庭

日本において最も有名な苔の庭は
京都の西芳寺——別名「苔寺」。
元は白砂だった庭は、時代の流れの中で荒廃し、
やがて自然に生えた苔の庭へと生まれ変わった。

西芳寺

saiho ji

〈京都市西京区〉

「苔寺」西芳寺の歴史は1300年近くに及ぶ。現在の庭は南北朝時代に中興開山の夢窓国師によって作られ、当時白砂で覆われていた地表は、長い時を経て一面の苔へと姿を変えた。中央の注連縄がかけられた石は、松尾明神が降臨したと伝えられる影向石（ようごうせき）。奥には重要文化財の茶室「湘南亭」が見える。

庭園は上段と下段の二つの庭で構成され、下段は心字池の黄金池を中心とする池泉回遊式庭園。
かつて黄金地では皇族や貴族が船遊びに興じ、折々の季節の風景を楽しんでいたと伝わっている。

苔へと姿を変えた極楽浄土の庭

庭を好きになったきっかけは、イギリス留学中に見たイングリッシュガーデンだった。植物をたくさん使った華やかな西洋庭園に惹かれ、カナダの園芸学校で勉強した。帰国後、西芳寺を訪れた。山の中腹にある枯山水の庭を見た時、衝撃を受けた。石と苔だけのシンプルな空間。石のみで滝の景色を表し、水も存在しない。しかし想像力を持って見ると、不思議と轟々と流れる水の景色が見えてくる。水音まで聞こえてくるようだ。そのとき六百年前にこの庭を作った夢窓国師の仕掛けに触れた気がした。水無くして水の流れを見せる工夫。鯉の形をした鯉魚石も、夢窓国師が選んだ石だと思うと特別に見えた。室町時代の作庭家の想いを一瞬で感じさせるとは、なんて素晴らしい庭なのだろう。西洋の庭とは全く違う見せ方にすっかり虜になった。

夢窓国師は、鎌倉から室町時代にかけての高僧。足利尊氏からの信頼も厚く、宗教だけでなく、政治的、経済的アドバイスもするマルチタレントだった。そして庭作りにも才能を発揮する。天龍寺の曹源池庭園や岐阜の永保寺庭園なども彼の作と言われる。

西芳寺の庭は山の上の枯山水庭園と、下の池泉回遊式庭園の二つに分けられる。今では苔寺として有名だが、当時は白砂の庭だった。応仁の乱で建物が焼失し、その後再建と荒廃を繰り返す。江戸末期から自然と苔に覆われ、今のような苔の庭となった。夢窓国師が目指した「極楽浄土」の世界は、何百年もの間に苔むしたことで完成された。

山の上の枯山水庭園は「龍門瀑」が表されている。「鯉が滝を登り切ると龍に変わる」という「成功を表す」中国の故事が日本に伝わって「修行を積めば悟りの境地を開ける」という禅の教えと結び付いた。夢窓国師は水の無い場所に、石を使って水を表現した。そのため「枯山水の始まり」とも言われる。石組が素晴らしく、鯉魚石が今にも生き生きと泳ぎ出すようだ。

室町時代この庭は評判となり、足利義満や義政は何度も通って金閣寺や銀閣寺の庭園の参考にした。西芳寺の庭は、誰をも虜にする日本庭園の「聖地」なのだ。

夕日ヶ島にかかる橋。スティーブ・ジョブズを始め、様々な著名人を魅了した。

三つある中島の中で一番小さい霞島と島にかかる橋。すべてが苔に覆われている。

苔むした中島と護岸が格別の風景をつくる

夢窓国師（疎石）が作庭した、極楽浄土の世界を表す庭園。当時は白砂の庭園だったが、荒廃した江戸時代末期、自生の苔が庭園を覆った。苔むしたことでますます極楽浄土のような美しい景色になった。船着場もありかつて池に舟を浮かべていたことがうかがえる。池に浮かぶ中島、霞島の南側護岸には「三尊石」が組み込まれ、阿弥陀如来とその脇侍である観音菩薩と勢至菩薩が表されている。

霞島の南側の「三尊石」。

百二十種を超える苔は
庭師によって守られている

西芳寺の庭園には百二十〜三十種類の苔が自生し、ビロードの様な苔の風景が広がっている。苔のお手入れは専属の庭師二名で行われている。二〇一八年の台風21号では境内の三百本の杉の木が倒れ、苔の生育にも影響が出た。二〇一九年〜二〇二〇年の冬は庭の拝観を一時停止して、苔の手入れを徹底し、再び蘇った。苔は環境の変化を受けやすい。美しい苔庭を見ることが出来るのは、お手入れの賜物なのだ。

凸凹と盛り上がった様子が模様のようにも見える
西芳寺の特徴的な苔は、ホソバオキナゴケ。

黄金池の北西にある金剛池に浮かぶ夜泊石（よどまりいし）。
かつてあった瑠璃殿と方丈をつなぐ廊下の礎石跡とも言われている。

池に浮かぶ鶴島（手前右端）。さらに、霞島（左）と
朝日ヶ島（右）にかかる橋の向こうには亀島が見える。

上段の庭、龍門瀑の枯滝石組。夢窓国師による「龍門瀑」を表した枯山水庭園で枯滝石組の一部には古墳の石が使われている。石を使って水を表現した画期的な庭は、枯山水の始まりとも言われる。石組は水を流しても大丈夫なように作られており、豪雨の時もちゃんと水が流れていたそうだ。鯉魚石が、滝を登ろうとする鯉の躍動感を伝える。

鯉の形をした鯉魚石（手前中央）。

最も大きな中島、夕日ヶ島（左）と鎮守堂。

西芳寺

臨済宗の寺院。百二十種を超える苔が境内一面を覆っていることから、通称「苔寺」。飛鳥時代には聖徳太子の別荘があった境内は三万五千平方メートルの敷地を有する。現在の庭園は、夢窓国師が作庭したもので、金閣寺や銀閣寺などの庭園の原型となった。園路で回遊できる庭園内では、重要文化財の茶室「湘南亭」も拝見できる。国指定特別名勝・史跡。世界文化遺産登録。

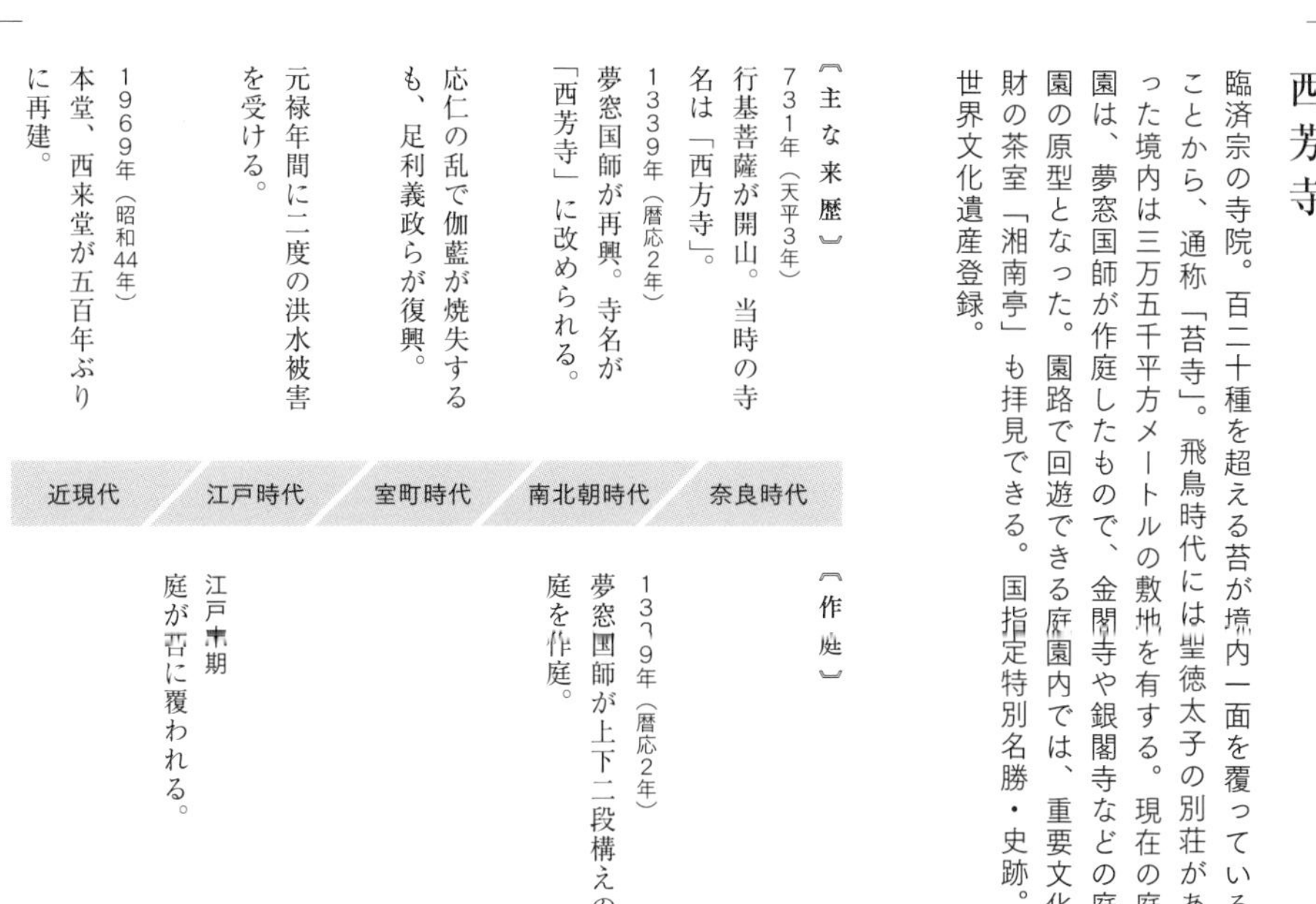

〔主な来歴〕

731年（天平3年）
行基菩薩が開山。当時の寺名は「西方寺」。

1339年（暦応2年）
夢窓国師が再興。寺名が「西芳寺」に改められる。

応仁の乱で伽藍が焼失するも、足利義政らが復興。

元禄年間に二度の洪水被害を受ける。

1969年（昭和44年）
本堂、西来堂が五百年ぶりに再建。

奈良時代 / 南北朝時代 / 室町時代 / 江戸時代 / 近現代

〔作庭〕

1339年（暦応2年）
夢窓国師が上下二段構えの庭を作庭。

江戸末期
庭が苔に覆われる。

所在地とアクセス｜京都府京都市西京区松尾神ヶ谷町56／京都バス「苔寺・すず虫寺」下車、徒歩3分
拝観｜往復はがきによる事前申し込み制（※申し込みは中学生以上から）／1人 3,000円

庭園で見かける主な苔ガイド

日本にある苔の種類は約千七百種あり、蘚類、苔類、ツノゴケ類に分類されます。庭園で見かける苔の多くは蘚類で、小さな株が群生している様子は一見、緑一色に見えますが形や色は実に様々です。また、一年を通じて常緑ですが、生育期にあたる春と秋が最も見頃となります。

ヒノキゴケ｜細長い葉が密についており、動物の尾のような形状から、イタチノシッポとも呼ばれる。見た目の通り柔らかく、ふっくらと盛り上がった群落を作る。**瑠璃光院**（*p.46*）

コツボゴケ｜卵形で先が尖った葉と透明感のある明るい黄緑色が特徴。茎が横に這って四方に広がるように育つ。やや日陰の湿った地面や岩上に生える。**円通院**（*p.92*）

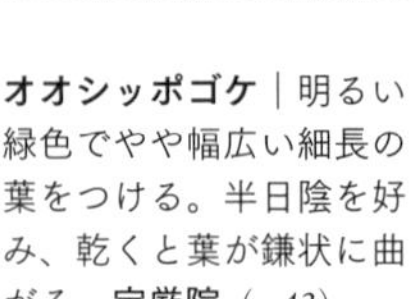

スナゴケ｜明るい黄緑色で、小さな葉をたくさんつけた星のような形状が特徴。乾燥に強く、湿度があれば日当たりのよい場所でも育つ。**白龍園**（*p.134*）

オオシッポゴケ｜明るい緑色でやや幅広い細長の葉をつける。半日陰を好み、乾くと葉が鎌状に曲がる。**宝厳院**（*p.42*）

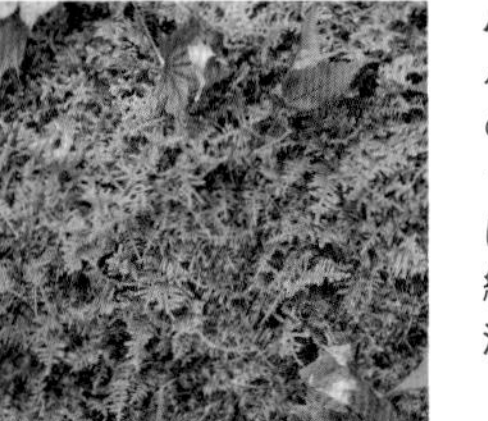

ハイゴケ、シノブゴケ｜ハイゴケは羽状の黄緑色の葉を持ち、茎が這うように伸びる。シノブゴケはハイゴケよりも細く繊細な形状をしている。**大河内山荘庭園**（*p.142*）

西芳寺の庭を代表する苔。マンジュウゴケという呼び名もうなずける見た目。**西芳寺**（*p.12*）

ホソバオキナゴケ｜アラハシラガゴケと共に山苔とも呼ばれている。半球状の塊になって生えることから、起伏のある形状になる。半日陰の乾燥気味の場所を好む。色は白っぽい緑色。

枯山水の庭園で主に用いられており、ボリュームのある苔地になる。**東福寺**（*p.24*）

スギゴケ｜日本庭園で最もよく見られる苔。針のように尖った葉をつけ、背丈が高いのが特徴。乾燥に強い。主にオオスギゴケとウマスギゴケがあり、庭園の多くはウマスギゴケが使われている。

小さな苔の持つ表情

苔は一株がたいへん小さいため、複数の株が寄り集まって群落を作り、それによって、乾燥や日光から身を守ります。同じ苔でも水分によって葉が開閉して色が変化するなど表情の違いが楽しめます。また、苔は胞子を飛ばして増える植物。胞子体は「苔の花」とも呼ばれ、その姿も見物です。

生育期にサクをつけて、胞子を飛ばします。

スギゴケ、スナゴケ、ハイゴケなどが混ざり合った様子。緑の変化が美しい。**白龍園**（*p.134*）

庭園文化の礎、京都の苔の庭

三方が山に囲まれた水源豊かな古都、
京都は政治と文化の中心であり、
庭園文化の主役であった。
今に伝わる「枯山水」「池泉」の庭を訪ねる。

東福寺

tofuku ji

〈京都市東山区〉

方丈を囲む四つの庭「八相の庭」を構成する、北庭「小市松模様の庭」。
昭和の名作庭家で庭園史研究家の重森三玲の代表作の一つ。その生涯において
200近くの庭を手掛けた重森三玲の信条である「永遠のモダン」を象徴する珠玉の庭。

東庭「北斗七星の庭」。方丈の四方に庭園を巡らせた様式は他の禅寺では見られない。
重森三玲は創建した鎌倉時代の質実剛健な風格を取り入れた。

昭和の名作庭家
原点の庭

東福寺の本坊には、方丈建築を取り囲む四つの庭がある。すべて一九三九年、重森三玲の作庭によるもの。東福寺の本坊庭園は、重森三玲にとってメジャーデビュー第一弾となる。それまで個人邸の庭園などは手掛けていたが、いきなり京都五山の一つ、東福寺の本坊庭園を四つも任されるとはすごい事だ。重森三玲は一九三四年（昭和九年）の室戸台風（近畿、中国、四国に甚大な被害をもたらし、死者・行方不明者は三千人近くに上った）で打撃を受け、破壊された庭園の惨状を見て、実測調査を開始。全国四百カ所以上の庭園の図面を残した。その測量調査を通して東福寺との縁が繋がり、作庭を依頼された。その時の東福寺側の希望は、本坊内にある材料の再利用だった。これは「一切の無駄をしてはならない」という禅の思想からきたもの。東福寺本坊の庭園デザインはこれらの石を使う事から始まった。

方丈北庭の「小市松模様の庭」は、勅使門の下に使われていた正方形の敷石を再利用している。最初から使う石が限定された中でデザインをするのはとても難しい。しかし重森三玲は敷石と苔で「市松模様」のデザインを庭に取り入れた。市松模様は日本古来からの意匠。それをモダンで洗練された三玲流のデザインで表現し、同時に寺院側からのリクエストにも応えた。

東庭の「北斗七星の庭」に使われている石の円柱も、東司（お手洗い）で使われていたもの。日本庭園に北斗七星の柄杓の形を配する、というアイデアはかなり斬新だ。背後の二重の生垣で天の川を表し、庭全体で星空を表現している。禅寺の庭に星座を浮かばせるとはとても洒落ている。そしてかなり勇気のいることだっただろう。

このモダンで革新的な庭のデザインは、最初は賛否両論だった。しかし一般公開したところ、たくさんの人が見に訪れ、評判になった。今ではすっかり禅寺の中に馴染み、落ち着いた趣きのある庭になっている。ここに来ると、伝統的な禅寺に斬新な庭を作ろうとした重森三玲の想いやエネルギーを感じる。八十年経っても作庭家の熱を感じさせる庭だ。

「小市松模様の庭」方丈北庭

北庭の「小市松模様の庭」に使ったのは、勅使門の下に使われていた敷石。

敷石の再利用という難題を苔との組み合わせでモダンなデザインに変えた。

禅の教えである「一切の無駄をしてはならない」ということを庭を通じて表現し、同時に素晴らしいデザインになっている。

重森三玲の庭が凄いと思わせるのは、制約がある中でもデザインに妥協が無いところだ。

「北斗七星の庭」方丈東庭

右側の二つの生垣は天の川を表している。

四つの庭には八つの意匠が込められている

本坊の方丈建築を囲む四つの庭園には、北斗七星、蓬莱、瀛洲、壺梁、方丈、京都五山、須弥山、市松の八つの意匠が表現されている。釈迦の入滅を表す「釈迦八相成道」とも通じ、四つの庭を合わせて「八相の庭」と名付けられている。重森三玲は庭園研究にも優れた功績を残した人物で、デザインだけでなくコンセプトもしっかりしている。

「井田の庭」方丈西庭

サツキを囲む細長い石は葛石（建物を支える基壇の縁石を兼ねた石）を再利用したもの。

方丈南庭

南庭は「蓬莱神仙思想」を表した庭。中国の伝説で不老不死の仙人が住むという蓬莱、瀛洲、壺梁、方丈の四神仙島を、石で表現している。白砂と砂紋は荒波の大海を表す。この砂紋、元々はかなり複雑なデザインだったが、現在は簡易なデザインになっている。時々オリジナルデザインがイベントなどで描かれるが、ため息が出るほど美しい。

東福寺

京都五山の一つ、臨済宗東福寺派の大本山で、境内には二十五の塔頭寺院がある。寺名は、奈良の東大寺と興福寺から一文字ずつ取って名付けられた。紅葉の名所としても名高く、通天橋からの眺めが有名。中世の建造物が多数現存し、日本最古の禅寺の三門や、鐘楼、東司などは国宝。また、多数の文化財を所蔵している。重森三玲が作庭した方丈の庭園は、国指定名勝。

〔主な来歴〕

1236年（嘉禎2年）
聖一国師が開山。開基は、摂政九條道家。

1347年（貞和3年）
1319～36年に起きた火災により大部分を焼失するも復興。

明治～昭和初期
仏殿、法堂、方丈、庫裏が明治14年に焼失するも、同時代に方丈と庫裏が再建され、昭和9年に本堂が落成。

鎌倉時代 / 南北朝時代 / 近現代

〔作庭〕

1939年（昭和14年）
重森三玲が方丈の**「八相の庭」**（24～29頁）を作庭。同時期に光明院（52頁）、芬陀院を修復、作庭。

所在地とアクセス｜京都府京都市東山区本町15-778／JR・京阪電車「東福寺駅」から徒歩約10分／市バス「東福寺」下車、徒歩約10分／京阪電車「鳥羽街道駅」から徒歩約5分

拝観｜9時～16時30分（11～12月初旬は8時30分から、12月初旬～3月は15時30分まで）／庭園・大人 500円　小人 300円

大徳寺

龍源院

ryogen in

〈京都市北区〉

「一枝担(いっしだん)の庭」方丈南庭

1980年、当時住職だった細合喝堂和尚の作庭。昭和の庭園らしく、蓬莱山（中央の石組）や鶴島（右の二石）、亀島（左の円形の苔地）が抽象的に表現されている。

1 & 2

杉苔の大海に須弥山を表す青石がそびえ立つ

室町時代、相阿弥または開祖の東溪宗牧の作と言われている。仏教の世界観「九山八海（くせんはっかい）」を表現している。または龍が雲の中を泳ぐ姿とも言われ、龍吟庭や龍源院の名前にある「龍」に因んだ庭となっている。

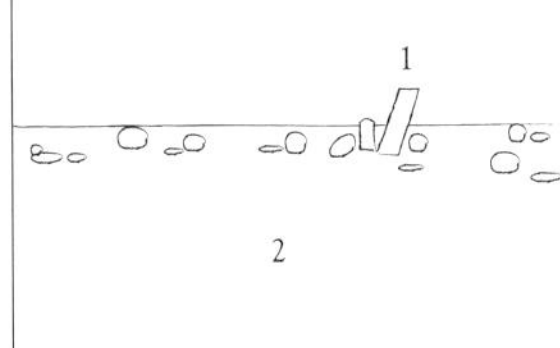

1. 須弥山

2. 大海（苔）

時代の変遷を物語る四つの庭

龍源院の創建は一五〇二年。北庭「龍吟庭（りょうぎんてい）」は室町時代、相阿弥（そあみ）または開祖の東溪宗牧（とうけいそうぼく）の作と言われる。庭の中央に据えられた紀州青石は須弥山（しゅみせん）を、庭全体に広がる苔は大海を表す。これは仏教の「九山八海（くせんはっかい）」の世界観を表したもので、須弥山を中心とした九つの山と八つの海が表現されている。また石が龍のツノや鱗、苔が雲を表し、龍が雲の中を泳ぐ姿を表現しているとも言われている。龍吟庭という名前からも、龍が吠えている様子がうかがえる。

中央の斜めに据えられた紀州青石の存在がとても良い。庭の端からこの石を見るとヒョロっとした細い形。しかし近づいてみると青石の存在感は増し、大きく見えてくる。岩肌の荒々しさが、世界の中心にそびえ立つ須弥山に見えてくるから不思議だ。紀州青石は室町時代から江戸時代にかけて好まれた石で、和歌山で採れた緑泥片岩。二条城二の丸庭園や大徳寺の塔頭、大仙院でもこの青石が多く使われている。

龍源院には作庭時期が異なる四つの庭があるのも魅力。室町、昭和、それぞれの趣きがあって、比較するのも楽しい。例えば北庭と南庭では、景石の大きさが全く違う。室町時代に運ぶことができた石の大きさと、昭和の大石のスケールがこれほど違うのも、重機などが発達した証拠。またここでは、古い禅宗寺院の方丈庭園の様子がよくわかる。室町時代は、方丈の周りに庭が作られるようになった時代。元来、方丈の南側は祭祀の空間として使われていたので、何も無い空間だった。そのため北側や東側に庭が作られる場合が多かった。しかし、だんだん祭祀が行われなくなり南側の空間が使われなくなると、そこに庭園が作られるようになる。龍源院で一番古い「龍吟庭」が北側にあるのもそんな背景があるから。ここは枯山水庭園の進化形がわかる、庭園の美術館なのだ。

―龍吟庭（りょうぎんてい）
方丈北庭の枯山水庭園―

「東滴壺」

鍋島岳生による枯山水の庭。小さな坪庭の空間に、五石のみ置かれたシンプルで洗練された庭。一つ一つの滴が集まって川となり最後は海になる景色を表し「小さな努力の積み重ねが大きなことを成し遂げる」という意味が込められている。雨が降ると、ちょうど庭の真ん中のひさしの隙間のところだけが濡れ、小さな青石が光ってとても美しい。鍋島は重森三玲と共に全国の庭園の実測調査を行った人物。精密で美しい図面を描くことで定評があった。彼が作庭した庭は大変貴重。

滹沱庭｜宗祖の臨済禅師が住んでいた場所に流れていた中国の滹沱河に因んだ書院の庭。阿吽の庭とも呼ばれ、阿吽を表す石は、聚楽第の礎石だったもの。作庭時期は不明。

龍源院

臨済宗大徳寺派大本山、大徳寺の塔頭。室町時代と昭和に作庭された四つの庭があり、「洛北の苔寺」と呼ばれている。方丈、玄関、表門はいずれも創建当初のもので国指定重要文化財。

〔主な来歴〕

1502年（文亀2年）

大徳寺第七十二世・東溪宗牧が開祖。開基は、能登の畠山義元、豊後の大友義長。

〔作庭〕

室町時代

相阿弥または東溪宗牧が**「龍吟庭」**（32頁）を作庭。

近現代

1960年（昭和35年）

鍋島岳生が**「東滴壺」**（34頁）を作庭。

1980年（昭和55年）

細合喝堂が**「一枝担の庭」**（31頁）を作庭。

所在地とアクセス｜京都府京都市北区紫野大徳寺町82-1／市バス「大徳寺前」下車、徒歩5分

拝観｜9時～16時20分／大人 350円　高校生 250円　小中学生 200円

敷松葉の話

日本では古来、常緑のものは縁起が良いとされてきた。年中葉をつける常緑植物は、「葉が落ちない、枯れない」と考えられ、「長寿や繁栄」のシンボルとされた。また松やヒカゲノカズラなどの葉を切り取っても緑色を失わない植物は「不思議な力を持つから緑を保つ」とされ、古くから祭祀や儀式などに用いられてきた。苔むす景色が日本人に好まれるのも、「長寿と繁栄」に結び付くからだろう。

苔は冬の雪や霜に弱い。雪で枯れたり、霜柱が苔を押し上げてしまう。京都では12月になると、苔を雪や霜から守るために「敷松葉」が行われる。秋に松葉を拾って乾燥させ、全て同じ向きに揃えておいたものを、苔の上に綺麗に敷いていく。暖冬のため最近ではあまり行われなくなったが、料亭や老舗旅館などでは、今も「冬の風物詩」として敷松葉を行っている。苔や庭を大切にする日本文化から生まれた、素晴らしい冬の景色だ。

敷松葉の景色。乾燥させた松葉を綺麗に敷いて、冬の雪や霜から苔を守る、冬の庭の風物詩。

建仁寺

kennin ji

〈京都市東山区〉

南側の小書院からの眺め。正面の大書院から見える屏風は、俵屋宗達の最高傑作とされる
国宝「風神雷神図」の複製品（実物は京都国立博物館に寄託）。

36ページの向かい、北側の大書院からの眺め。襖絵は染色画家の鳥羽美花作。

自然石の美しさが苔、もみじに映える。

円状に並ぶ石は四方から眺められる

三尊石を中心に渦潮のように円状に配置された石は、四方どの方向から眺めても美しい。使われている石は、北山安夫氏が自ら山に行って選定されたもの。庭師の美意識やこだわりが、この空間に凝縮されている。

北山安夫氏は二〇二〇年NHK大河ドラマ「麒麟がくる」の中で、明智光秀の館の庭園も監修されている。ドラマを見ている時に、背景の庭があまりに綺麗なのでそちらに目が奪われてしまった程だ。

潮音庭　本坊中庭の枯山水庭園

涼を誘う 渦潮の庭

建仁寺は、建仁二年（一二〇二年）創建の京都で最古の禅宗寺院。創建された年号を取って、建仁寺の名が付く。鎌倉幕府の二代将軍、源頼家が土地を寄進し、栄西禅師が開山した。栄西禅師は中国の宋に二回も留学し、当時最新の禅宗を学んで帰国。禅の教えを日本で広めた。その時中国から持ち帰ったのがお茶の種。お茶を飲むと眠気が抑えられて修行に良いとされ、修行僧の間でお茶を飲む習慣が広まった。当時お茶はすでに伝わっていたが、この頃から一般に普及していった。

建仁寺の中には、平成に作られた庭「潮音庭」がある。この庭は二つの建物とそれを繋ぐ二つの渡り廊下に囲まれた場所にあるため、四方から眺められる庭となっている。どこからでも眺められるということは、死角が無いということ。一般的に建物から庭を眺める場合、一方向か二方向から眺めることが普通。しかし潮音庭の庭は全方向から見えるので、石の形や配置がどこから眺めても美しく見えるように考慮しなければならない。そこで庭を監修した庭師の北山安夫氏は、潮音庭の石の据え方に一工夫凝らした。真ん中の三尊石（三尊仏を石で表したもの）を中心に、石を渦潮のように円状に配置した。円状にあるので、どの方向から見てもバランスが良く、美しい。周りには苔、もみじ、ドウダンツツジが植えられ、狭い空間とは思えない自然の景色が広がる。苔は真夏でも美しい緑を保ち、涼を誘う。「潮音庭」という名前にふさわしく、渦潮の音まで聴こえてくるような、清涼感のある庭だ。北山氏は、三重県にある北畠氏館跡庭園（112頁）にある石の配置を見て、このデザインの着想を得た。室町時代の庭園デザインが平成の庭に受け継がれた、温故知新のデザインなのだ。

栄西禅師が今の世に降り立ち、潮音庭を眺めたら大喜びするだろう。そして留学時代の中国の山水の風景や、船で旅した時に見た渦潮の音を思い出すかもしれない。自分が持ち帰ったお茶を飲みながらゆっくりとこの庭を眺められたら、きっと最高だろう。

本坊中庭
「○△□乃庭（まるさんかくしかくのにわ）」

潮音庭と同じくこちらも北山安夫氏による平成の庭。枯山水の庭で、禅宗の四大思想「地水火風」をこの中で表現している。四角い井戸（□）は地、椿の下の苔地の丸（○）は水、軒下に白砂で盛り土された三角形（△）は火を表す。そしてこの庭に吹く風を加えて四大思想になるという。狭い空間でありながら、禅宗のストイックな世界を表現した素晴らしい庭だ。

茶室「東陽坊」の露地。

方丈前庭
「大雄苑（だいおうえん）」

昭和十五年（一九四〇年）加藤熊吉によって作られた、方丈前に広がる枯山水庭園。「七五三の庭」で、据えられている石の数が七つ、五つ、三つの合計十五個。奇数は日本古来より縁起の良い数字なので、景石は奇数で置かれる場合が多い。白砂が作る大海の景色は広々と雄大で、栄西禅師が中国に渡った時の海の景色を表す。栄西禅師が意気揚々と宋に渡った時の情景が浮かぶようだ。西南の端に置かれた七重の層塔（そうとう）は、織田有楽斉が兄の信長を弔うために建立したもの。元々は十三重の塔だった。

潮音庭に面した大書院と小書院は二つの渡り廊下で結ばれている。

建仁寺

京都五山の一つで、臨済宗建仁寺派の大本山。京都において最古の禅寺の境内では、昭和の作庭家、加藤熊吉の「大雄苑」、平成の作庭家、北山安夫監修の「潮音庭」「○△□乃庭」といった、共に時代を代表する名作庭家の庭が鑑賞できる。夏は青もみじと苔が美しい「潮音庭」は、秋は紅葉に彩られる。方丈とその南側にある勅使門は鎌倉後期の遺構で、国指定重要文化財。

〔主な来歴〕

鎌倉時代

1202年（建仁2年）
鎌倉幕府二代将軍の源頼家が寺域を寄進。栄西禅師が開山。

安土桃山時代

1599年（慶長4年）
安国寺恵瓊（あんこくじえけい）が応仁の乱で荒廃した方丈を移築し、復興する。

〔作庭〕

近現代

1940年（昭和15年）
加藤熊吉が**「大雄苑」**（40頁）を作庭。

2005年（平成17年）
北山安夫監修により**「潮音庭」**（36～39頁）を作庭。

2006年（平成18年）
北山安夫監修により**「○△□乃庭」**（40頁）を作庭。

所在地とアクセス｜京都府京都市東山区大和大路通四条下ル小松町584
京阪電車「祇園四条駅」より徒歩約7分／阪急電車「河原町駅」より徒歩約10分
拝観｜10時～17時／大人 600円　中高生 300円　小学生 200円

天龍寺
宝厳院
hogon in

〈京都市右京区〉

室町時代、策彦周良禅師により作庭されたと言われる庭。獅子吼とは「釈迦が説法する」という意味。
庭園には「獅子岩」や「碧岩」などの大堰川の巨石が存在感を見せる。江戸時代発行の「都林泉名勝図会」では、妙智院の庭としてこの獅子岩がすでに紹介されている。獅子吼の世界を五感で感じさせる庭。

獅子が吠える
巨石と苔の庭

美しい庭には、美しいエピソードがある。宝厳院の「獅子吼の庭」は、室町時代、策彦周良禅師により作庭されたと言われる。獅子吼とは「仏が説法する」という意味。獅子が吠えて百獣を恐れさせるように、熱弁をふるって真理を説くことを言う。確かにこの庭には、仏が説法する場として相応しい神々しい雰囲気がある。輝く苔がまるで浄土の世界を表すようだ。

元々は天龍寺の塔頭、妙智院という寺院だったが、幕末に蛤御門の戦火が飛び火し、この辺りは焼け野原となった。明治に入って民間に払い下げられ、大正時代には日本郵船の重役だった林民雄の別荘として庭が整えられ、数寄屋建築が建てられた。その後持ち主が代わり、すっかり荒れ果てていたこの地を、二〇〇二年に現在の宝厳院のご住職が受け継がれた。

当初庭は十センチも堆積した落ち葉で覆われていたそうだ。しかし落ち葉を取り除くと、下から美しい苔が現れた。そして現在のような苔の庭園として蘇った。こういった美しいエピソードがあることで、獅子吼の庭はより一層神々しく見える。仏様に守られた庭なのかもしれない。

大きなもみじの木が木陰を作り、柔らかい日差しが苔に落ちる。このちょうど良い日差しの具合も、苔が綺麗に育つ要因。初夏の青もみじや秋の真っ赤な紅葉と、金色の苔のコントラストが美しい。仏様が説法するという名前にふさわしい。

獅子吼の庭には、巨石が幾つか配置されている。これは保津川水系の石で、以前からこの場所にあったもの。現在保津川の護岸はずっと向こうだが、昔この辺りは河原だった。大石の一つは「獅子岩」と呼ばれ、まるで大きな獅子が吠えているように見える。江戸時代の一七九九年に発行された京都のガイドブック「都林泉名勝図会」の中には、すでにこの獅子岩が紹介されている（当時は妙智院）。よく見ると石の表面には苔や着生ランが付き、この場所にゆっくりとした長い時間が流れていることがうかがえる。一朝一夕では完成しない、苔と石が織り成す世界なのだ。

獅子吼の庭 回遊式庭園

林民雄の別荘だった数寄屋建築の書院と紅葉の木々。川の風景が一体となった庭屋一如の世界。

苦海と獣石、龍門瀑

獅子に諭され、苦海を渡って釈迦如来（三尊石）の元に説法を聞きに行こうとする獣（十二支の動物）を表した石。獣達が我先に海を渡る様子が、躍動的に表現されている。舟石は苦海を泳いで渡れない人が乗る舟。
龍門瀑とは、鯉が滝を登り切ると龍に変わる「登龍門」の話を滝で表現したもの。ここでは枯滝石組（かれたきいわぐみ）になっており、鯉を表す鯉魚石（りぎょせき）が据えられている。

奥に見えるのは庭を一望できる書院。隣の本堂には、洋画家の田村能里子氏による襖絵「風河燦燦三三自在」があり、襖絵に油絵という珍しい作品。襖に麻布のキャンバス地が張られている。タムラレッドと呼ばれる鮮やかな赤で描かれた33人の老若男女は、観音菩薩が苦しい世界を救うため変えた姿。力強いが優しい絵。引手も田村氏のデザインで、とても洒落ている。

宝厳院

京都五山の一つで臨済宗天龍寺派の大本山、天龍寺の塔頭。元は妙智院だった「獅子吼の庭」は室町時代に作庭され、江戸時代の京都の名所名園を収録した「都林泉名勝図会」に掲載されている。境内は紅葉が美しい場所が数多くある嵯峨野周辺において、名所として名高い。

【主な来歴】

1461年（寛正2年）
京都市上京区に天龍寺開山の夢窓国師より三世の法孫にあたる聖仲永光禅師が開山。開基は室町幕府管領、細川頼之。

室町中期
応仁の乱により焼失。

天平年間
豊臣秀吉の援助により再建。

2002年（平成14年）
妙智院跡に移転し、再興する。

室町時代 ／ 安土桃山時代 ／ 近現代

【作庭】

室町末期
妙智院第三世・策彦周良が**「獅子吼の庭」**（42頁）を作庭。

2002年（平成14年）
現在の妙智院跡の「獅子吼の庭」を復元。苦海と獣石、龍門瀑（45頁）を作庭。

所在地とアクセス｜京都府京都市右京区嵯峨天龍寺芒ノ馬場町36／JR「嵯峨嵐山駅」より徒歩10分／京福電車「嵐山駅」より徒歩3分

拝観｜年に2回、春と秋の拝観期間のみ／大人 500円　小中学生 300円

瑠璃光院

ruriko in

〈京都市左京区〉

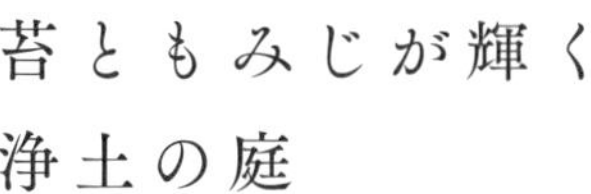

苔ともみじが輝く 浄土の庭

京都、八瀬（やせ）にある瑠璃光院は、もみじや馬酔木（あせび）に囲まれた、美しい自然と苔の寺院。古来より八瀬は「矢背（やせ）」とも記され、壬申の乱（六七二年）で背中に傷を負った大海人皇子（後の天武天皇）が「八瀬（矢背）の釜風呂」で傷を癒やしたことに由来する。平安時代には貴族や武士の湯治の場所となった。明治時代、ここには三条実美（さねとみ）命名の別荘「喜鶴亭（きかくてい）」があった。この名前は今も瑠璃光院の茶室「喜鶴亭」に受け継がれている。その後、京福電鉄の創立に尽力した、田中博の別荘となり、昭和初期には、中村外二による数寄屋建築と植藤造園（佐野藤右衛門の一統）による庭園が作られた。二〇〇五年に建物と庭が引き継がれ、瑠璃光院となった。

瑠璃光院の名前の由来となった「瑠璃の庭」は、苔ともみじの景色が素晴らしい庭。瑠璃とはラピスラズリのこと。年に数回、苔の露が朝陽で照らされ、瑠璃色に輝くことがあるそうだ。その景色がまるで「瑠璃の浄土」の様に美しいことから、この名が付けられた。

庭の奥に据えられた大石からは比叡山の伏流水が流れ、苔庭の小川へと流れていく。ここは以前は白砂の枯山水庭園だったが、瑠璃光院になった時にご住職の希望で川の流れが作られ、苔の庭園となった。瑠璃の浄土とは、きっとこんな所なのだろう。ここからの景色を眺めを見ているだけで、心が澄んでいく。

「臥龍（がりょう）の庭」は、龍がぐるりと建物を守っている姿を表している。緩やかな流れの川が龍の体、池にある大石が龍の頭となる。ここの苔は年々緑が深く、濃くなっている。苔の中を川が流れる光景は、豊かな八瀬の自然の煌めきだ。龍が横たわる姿を想像すると、まるで神話のワンシーンの様な神々しさを感じる。ここの床もみじも美しく、川の水音を聴きながら澄んだ空気と景色を楽しめる。

時代の変化と共に、この八瀬の地にも開発の波が押し寄せることになったが、地元の方々の思いを受け、今のご住職の尽力でお寺として保存されることになった。瑠璃光院の誕生によってこの美しい景色が守られた。

瑠璃の庭　書院前庭の書院造庭園

以前は枯山水庭園だったが、瑠璃光院になった時に苔の庭に生まれ変わった。
大石を流れる比叡山の伏流水、小川の流れ、美しいスギゴケやハイゴケなどの苔の景色はまさに「瑠璃の浄土」。
書院の西側には、別荘時代からの梅の古木と自然石がある。梅の木は鶴を、石は亀を表し、
鶴亀のおめでたい意匠となっている。

「臥龍の庭」茶室前庭

写真左の川が龍の体、中央の大石が龍の頭を表す。
瑠璃光院の庭師の松浦剛さんは苔の達人。松浦さんがお手入れすると、
苔が驚くほど美しくなる。ご本人曰く「苔好きの自称苔オタクです」。
もみじの剪定は特に気を使っておられ、建物から眺めた時にもみじの枝が上から下に流れるように、
そして苔にぎりぎり着かないよう剪定されている。またもみじの葉が全てこちら側を向いているから驚きだ。
美しい景色が楽しめるのも、庭師さんの細やかなお手入れの賜物。

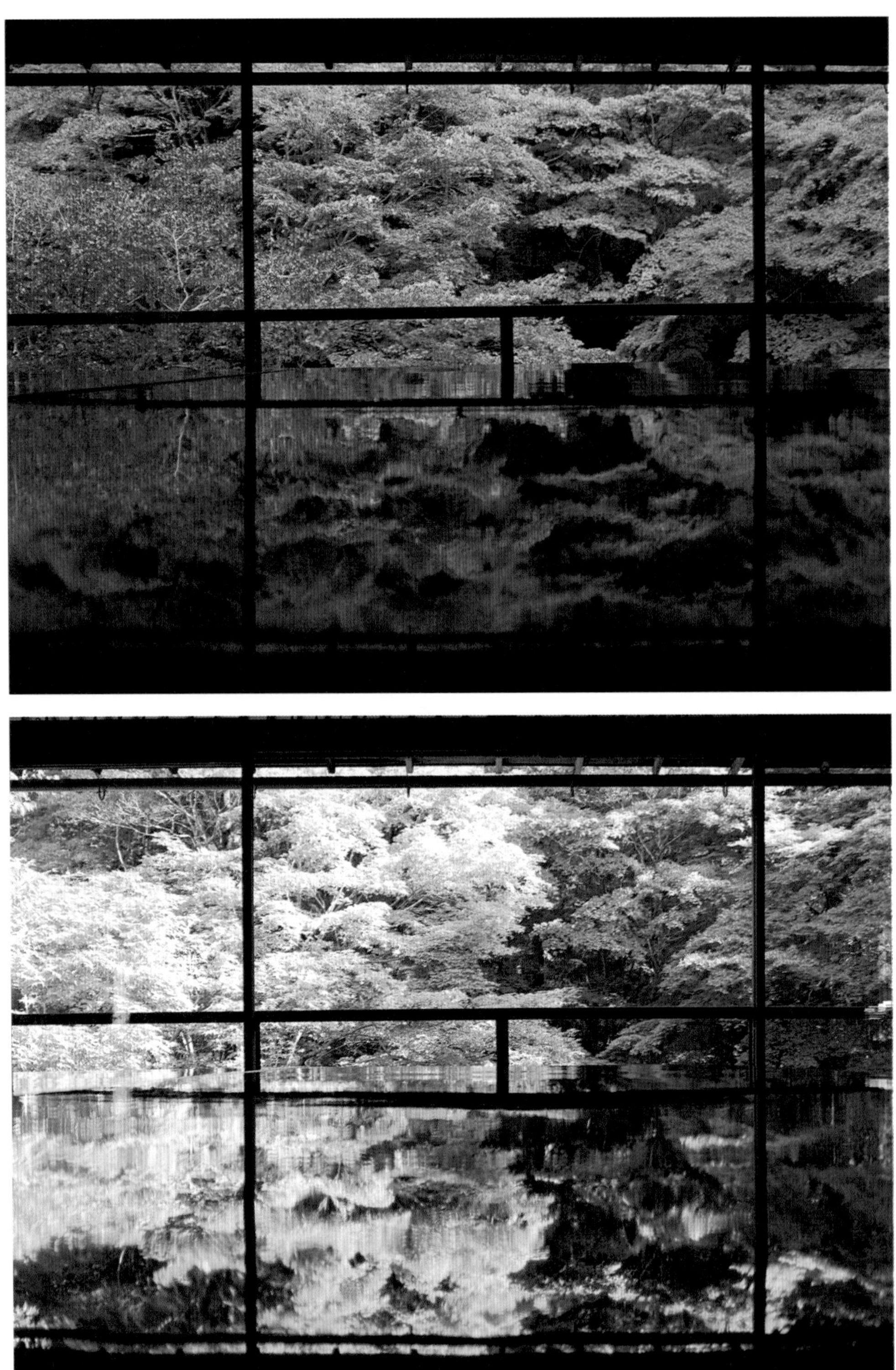

瑠璃の庭を臨む書院二階の「机もみじ」が有名。鏡のように写経机に反射するもみじの光景は幻想的。
新緑の季節は緑の光に包まれる。

山露地の庭

山門をくぐった参道沿いにある庭。もみじ、馬酔木などの木々が植えられ、自然溢れる庭となった。玄関の門を入って階段を上り、馬酔木の緑のトンネルを抜けると、頭上にもみじが広がる。このもみじの木漏れ日と比叡山からの水のお陰で、シノブゴケ、ヒノキゴケ、ハイゴケなどの美しい苔が育ち、瑠璃の世界となった。

瑠璃光院

浄土真宗東本願寺派の寺院で、本坊は岐阜市の浄土真宗無量寿山光明寺。比叡山の麓、八瀬にあった別荘が元になっており、昭和初期に一万二千坪の敷地において建物を延べ二百四十坪の数奇屋造りに改築すると共に庭が造営された。

【主な来歴】

明治時代
三条実美命名の庵「喜鶴亭」が建築される。

大正末期から昭和初期
中村外二が建物を数寄屋造りに改築。

2005年（平成17年）
寺院に改められる。

近現代

【作庭】

大正末期から昭和初期
佐野藤右衛門一統が作庭。

所在地とアクセス｜京都府京都市左京区上高野東山55／叡山電車「八瀬比叡山口駅」より徒歩5分／京都バス「八瀬駅前」下車、徒歩7分

拝観｜年に2回、春と秋の拝観期間のみ／大人 2,000円　学生 1,000円（小学生以下無料）

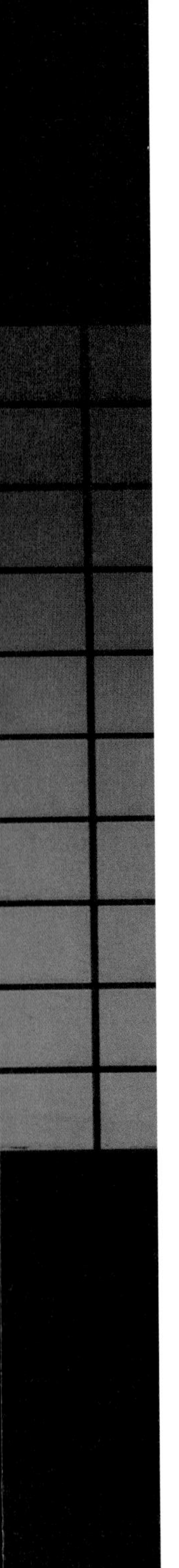

東福寺　光明院

komyo in

〈京都市東山区〉

光射す 75の石の庭

達磨大師が残した禅の教え「四聖句（しせいく）」の中に、「直指人心（じきしにんしん）」というものがある。これは「自分の心を真っ直ぐ見つめる先に、悟りの境地がある」という禅の教え。禅宗では、修行を通して得る自らの体験が大切になる。座禅などを通して自分の心と向き合い、見つめる先に悟りの境地がある。そして経験するプロセスに重きを置く。室町時代の高僧、夢窓国師は庭を作り、そこに座禅石を据えている。美しい庭で座禅をすれば、ゆったりとした自然の流れに身を置くことができる。禅宗の寺院に素晴らしい庭が多いのも、環境を大切にしたからだろう。自分の心と真っ直ぐに向き合う時には、庭という静かなステージが必要なのだ。

静寂な空気が流れる庭。ゆっくりと静かに向き合える庭。そしてその美しさに心が穏やかになる庭。私にとって光明院の「波心庭（はしんてい）」は、理想的な庭だ。一九三九年重森三玲によって作庭。庭には三組の三尊石が据えられ、L字状に配置された建物のどこから見てもこの三尊石が眺められる仕掛けになっている。無数の石は三尊石の仏から射す光明を表している。寺名の「光明院」を石で表現した素晴らしい庭園だ。よく見ると苔の陸地の側面には、小さな小石が埋められている。これは波が海岸にぶつかって出来る、波しぶきを表している。重森三玲が施した細やかなデザイン。これによって水の景色がパッと浮かび上がるようになっている。

重森三玲は建物から眺めた庭のデザインが巧みだ。建物の中から額縁で眺める庭園は、まるで襖絵の様な絵画的な風景。光明院の本堂、書院、どこからでも庭の三尊石や光明の石が効果的に眺められる。そしてどこを切り取っても、背景のサツキの大刈込みやもみじの木々が景色に色を添えるようになっている。「波心庭」という名前が示す通り、波の中に身を置くように座って、心静かに眺めたい。直指人心。真っ直ぐ自分の心と向き合える庭だ。

書院から南の三尊石を望む。

波心庭（はしんてい）

方丈前庭の枯山水庭園

南（右端）と東（左端）にある三尊石。周囲の立石は、三尊石から放射状に射す光明を表している。

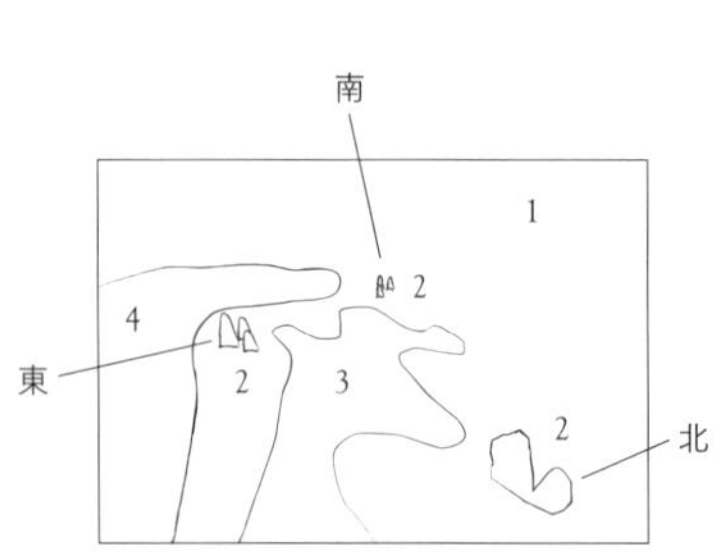

1 & 2 庭の景色は眺める場所で変わる

本堂や書院など、それぞれの部屋から眺める庭の景色が全く異なるのがこの庭の魅力。三組ある三尊石の見え方も、そこから射す光明を表した石の見え方も、全く変わる。自分の好きな景色を見つけて、ゆっくり座って眺めることができる。書院の葛で編まれた円窓のデザインも素敵なので、ぜひそこからも庭を眺めて欲しい。円窓や四角の窓、それぞれの見え方で庭の印象が変わる仕掛けが施されている。

3 想像力をかきたてる苔と白砂

苔は陸地、白砂は海を表す。苔地の白砂際に埋められた小石は波しぶきを表す。想像しながら庭を眺めると、波立つ水の景色が浮かび上がる。また苔地の曲線が美しく、連なる様はまるで海に浮かぶ島並みのよう。グーグルマップで庭を上から見ると、完璧なデザインなのがよくわかる。一九三九年作の重森三玲の初期作品だが、すでに俯瞰（ふかん）して見た姿を想像しながらデザインしているところに感嘆する。

4 大刈込が庭を立体的にしている

庭の背景にはサツキとツツジの大刈込があり、雲が流れる姿を浮かび上がらせている。崖を隠すという機能性だけでなく、大刈込のデザインで庭を引き立たせている。この刈込があることで庭が立体的になり、雲の中から現れる三尊仏、そこから射す光明の情景が浮かんでくる。五月にはサツキの花が咲き、ピンク色の華やかな庭になる。

1. 本堂（奥）と書院
2. 三尊石
   南、東、北の三カ所に、仏になぞらえた三つの立石が据えられている。
3. 白砂
4. サツキとツツジの大刈込

大小併せて据えられた75石は、本堂や書院から眺めることができる。

光明院

京都五山の一つで臨済宗東福寺派大本山、東福寺の塔頭。別名「東山の苔寺」「虹の苔寺」。方丈前の枯山水庭園「波心庭」は、重森三玲による初期の名作とされている。庭の三尊石組の背景にはサツキやツツジの刈込みで表した雲紋、刈込上部には三玲が手掛けた茶亭「蘿月庵（らげつあん）」があり、円形の窓が月が昇る姿を表している。

【主な来歴】

南北朝時代

１３９１年（明徳２年）
金山明昶（きんざんめいきょう）が開創。

近現代

１９１１年（明治44年）
横幕滴泉（よこまくてきせん）が入寺。以降、明治維新後の廃仏毀釈によって荒廃した本堂の再興に努める。

１９６３年（昭和38年）
重森三玲が茶室「蘿月庵」を建立。

【作庭】

１９３９年（昭和14年）
重森三玲が**「波心庭」**（52～57頁）を作庭。同時期に東福寺の方丈庭園（24頁）、芬陀院庭園を修復、作庭。

１９６２年（昭和37年）
重森三玲が「雲嶺庭」を作庭。

所在地とアクセス｜京都府京都市東山区本町15-809／ＪＲ、京阪電車「東福寺駅」から徒歩約10分／市バス「東福寺」下車、徒歩約10分／京阪電車「鳥羽街道駅」から徒歩約5分

拝観｜無休、日没まで／入り口で志納金を納める

大徳寺　黄梅院

oubai in

〈京都市北区〉

秀吉・利休・清正　戦国の世を偲ぶ庭

　京都の庭園には、歴史上の有名な人物が大きく関わっている場所が多い。スポンサーだったり、庭のデザインに携わっていたり、庭園文化が当時教養の一つとしていかに重要だったかがわかる。そして庭からその人物の美意識やセンス、性格などを知ることが出来る。歴史のテストのために名前を覚えていた人物も、庭を通してその人となりを知ると、急に人間味が出て親しみが湧く。その人と庭に関するドラマを知ると、景色も変わって見えてくる。

　黄梅院の庭園に関係する人物はとても豪華だ。ここは元々、織田信長が父親を弔うために建てた黄梅庵という場所だった。信長の死後、豊臣秀吉はここを自分のものとする。そして千利休に依頼し、自分の軍旗のマークである瓢箪の形をした枯池を作らせた。千利休作の庭園は珍しい。大徳寺の中には千利休が参禅した聚光院(じゅこういん)があり、ここの庭園も千利休の作と言われている。

　豊臣秀吉は、織田信長の菩提寺だったところに、自分のシンボルマークの瓢箪の形の池を作らせたりしてやり方が少しセコい。でも優秀だ。秀吉の人となりが見えて、庭を見ながら微笑んでしまう。

瓢箪池の護岸は、大小の石の組み合わせ方が絶妙だ。千利休の石の選択がとても良い。特に橋のたもとのなつめ型の石を見ると、彼の審美眼が庭作りにも生かされていることがよくわかる。池にかかる石橋は伏見城にあったものがこちらに運ばれた。池の向こうには三尊仏を表す「三尊石」が据えられている。ひときわ大きな石は仏様を表す石で、比叡山から運ばせたと伝えられる。苔の中にたたずむこの大石の美しさが、まるで大きな仏様がドシンと立っているかのように、庭園全体を引き締めている。

　この庭の左端にある小さな寄せ灯籠に注目して欲しい。様々な味のある石を集めて構成されたこの灯籠は、加藤清正が朝鮮出兵の時に持ち帰ったものと伝えられる。もしかしたら清正は、秀吉の新しい庭園のために寄進したのかもしれない。気配り上手、プレゼント上手な人だ。

　黄梅院の庭を眺める度に、教科書で歴史を勉強するよりも、お庭から歴史を知る方がずっと面白いと思う。庭を見ながら歴史上の人物の人となりを妄想するのは楽しい。そんな庭の楽しみ方もありなのだ。

豊臣秀吉の旗印の瓢箪形の池は、作られた当初から水が無い枯池だった。

—直中庭（じきちゅうてい） 書院南庭の枯山水庭園—

書院「自休軒」から三尊石を望む。

加藤清正は朝鮮より灯籠を持ち帰った

小ぶりながら独特の存在感のある寄せ灯籠は、加藤清正が朝鮮出兵の際に持ち帰ったと伝えられる。様々な材料を寄せ集めて一つの灯籠に仕立てたものを寄せ灯籠と言う。同じ大徳寺塔頭の高桐院にも、加藤清正が朝鮮から持ち帰って細川忠興に贈ったと伝えられる袈裟（けさ）型手水鉢もあり、彼が朝鮮から色々な石を持ち帰ったことがうかがえる。一説には、朝鮮出兵で多くの兵が戦死し、帰る時に船が軽くなり、バランスを取るため石を持ち帰ったと言われる。

1 & 3
秀吉は瓢箪形の枯池を作らせた

書院の目の前にある瓢箪形の枯池は、豊臣秀吉が千利休に命じて作らせたもの。千利休は織田信長の茶頭（茶道の師匠）をつとめた後、豊臣秀吉と茶頭となった。枯池の護岸の石組は、大小様々な石を使い、変化をつけたデザインとなっている。千利休がお茶だけでなく、庭への造詣も深かったことがわかる。

石橋は伏見城の遺構。秀吉の華やかなりし日々が感じられる庭。

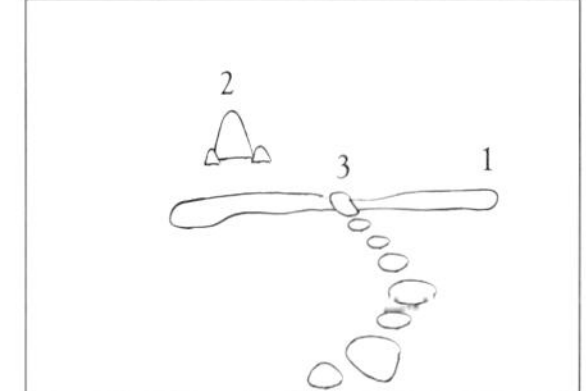

1. **枯池**
2. **不動三尊石**
   三尊石とは三尊仏を石で表したもの。大徳寺二世、徹翁和尚が比叡山から持ち帰ったと石と伝えられる。
3. **石橋**

「破頭庭(はとうてい)」本堂前庭

方丈の南側、苔と白川砂で構成された枯山水庭園。中央の二石は、観音菩薩と勢至菩薩。隅の扇形の砂紋は庭に流れ込む水を表す。天正年間の作。

黄梅院

臨済宗大徳寺派大本山、大徳寺の塔頭。豊臣秀吉、千利休ゆかりの寺として知られる。一五六二年、織田信長が父、信秀の追善供養のため、羽柴（豊臣）秀吉に命じて建立した小庵が前身。大徳寺九十八世住持・春林宗俶が開祖となり、黄梅庵と名付けられる。紅葉と苔が美しく、新緑の季節や紅葉の季節が特に見頃となる。

【主な来歴】

1562年（永禄5年）
織田信長が父、信秀の追善供養として黄梅庵を建立。

1586年（天正14年）
本能寺の変で織田信長が没した後、豊臣秀吉により改築。

1589年（天正17年）
小早川隆景により改築。黄梅院に改める。

室町時代／安土桃山時代

【作庭】

1588年（天正16年）
千利休が六十六才の時、**「直中庭」**（58〜61頁）を作庭。

天正年間
「破頭庭」（62頁）が作庭。

所在地とアクセス｜京都府京都市北区紫野大徳寺町83-1／市バス「大徳寺前」下車、徒歩5分
拝観｜年に2回、春と秋の公開期間のみ／大人 800円　中高生400円（小学生以下無料）

地下足袋の話

庭師の人が履いている「地下足袋」はとても合理的な履物だ。親指とそれ以外の指の二股に分かれているので、つま先に力が入りやすい。木の上で作業するときもグリップが効いて滑りにくく、ゴム底なので苔の上を歩いてもダメージを与えにくい。砂紋を歩くときは盛り上がった白砂の斜め部分を踏めば、形を壊しにくい。日本庭園で作業するにはピッタリの履物だ。

海外のガーデナーや園芸好きの人を庭園に案内すると、庭師が履いているのを見て「あのブーツは何？欲しい！」とよく言われる。欧米の国では庭師用の特別な靴は無いので、地下足袋はとても珍しい。特に「苔に優しい」点はとても日本らしいと思う。苔を大切にする日本文化の象徴なのかもしれない。

カナダ人の友人は地下足袋の事を「ニンジャブーツ」と呼んでいた。なるほど上手いこと言うな、と感心してしまった。日本の庭師は、日本庭園を美しくするため飛び回り、様々な技術を駆使する「庭の忍者」なのかもしれない。

苔は繊細な植物。鑑賞する際は足を踏み入れないように注意。　**瑞峯院** ≫ *p.64*

大徳寺　瑞峯院

zuiho in

〈京都市北区〉

砂紋に浮かぶ蓬莱山の庭

「鑊湯無冷処／鑊湯に冷処無し（かくとうにれいしょなし）」という禅語がある。鑊湯とは釜の中で沸騰したお湯のこと。釜で煮えたぎったお湯はどこも熱く、冷たい部分が一切ない。すなわち「何事も全身全霊で、一心不乱に取り組みなさい」ということ。確かにぐらぐらと煮え立つお湯は、一生懸命でブレない感じがする。

瑞峯院の「独坐庭（どくざてい）」を見ると、この禅語を思い出す。この庭は一九六一年（昭和三十六年）に昭和の名作庭家、重森三玲によって作られた。重森三玲は鑊湯（かくとう）の如く真っ直ぐに、人と自然が対峙する庭を作った。そそり立つ蓬莱山に見立てた伊予青石の大石、蓬莱島の険しい崖を思わせる石組、そして荒々しい波を表現した深い砂紋。どこを見ても冷所は無い。全身全霊をかけた隙の無いデザインだ。

そんな中、左手に据えられた離れ小島に見立てられた白とグレーの石が、庭のデザインにアクセントを加えている。この石があることで砂紋の模様が変化し、ゆったりとした表情になる。重森三玲は

砂紋のデザインに優れた作庭家。彼がデザインした砂紋の中でも、ここのデザインは秀逸だ。この一石があることで、厳しい庭がふっと柔らかくなる。

ここの庭園を構成するものは石、白砂、苔ととてもシンプル。このシンプルさが、この庭の凛とした美しさを際立たせる。苔と石のバランスも絶妙だ。苔があることで、蓬莱山に緑の景色が生まれる。蓬莱山は、不老不死の仙人が住むという中国の伝説の山で、理想郷とされる。この仙人に会うことが出来ると「仙薬」と呼ばれる長生きの薬や宝がもらえる。この「蓬莱思想」は禅の教えと共に日本に伝えられ、当時禅僧に好まれたテーマだった。厳しい修行の果てに、理想郷とされる蓬莱の世界イコール悟りの世界が見えてくるのだ。

この庭を見に来ると、いつも自然と背筋が伸びる。それは和尚さんにお会いする度に「あんた背中が曲がってるで。おばあさんかと思ったわ!」「ちゃんと呼吸をすれば、自ずと姿勢も良くなるから」とアドバイスをいただくからだ。この庭を見る時は鑊湯の如く全身全霊で、心も身体も真っ直ぐに、ゆったりとした気持ちで臨みたい。

独坐庭（どくざてい）

方丈南庭の蓬莱山式枯山水庭園

3 住職が引く深い砂紋が荒々しさを物語る

ご住職と先代のみがここの砂紋を引くことが出来る。今も拝観前の早朝に二時間かけて農機具を改良した鉄の重たい砂紋引きで引いておられるので、この深く美しい砂紋が作られる。元々は庭をきれいにし、手入れする事も修行の一つ。先代のご住職は、「今も元気に砂紋を引けることに感謝です」と話される。

この独坐庭のテーマ、蓬莱島とその周りの荒れた大海を表すため、砂紋を深く引いて表現しているそうだ。砂紋のデザインによって庭の印象はがらりと変わる。

1. 蓬莱山
2. 蓬莱島
3. 大海（砂紋）

奥の苔地、内海の洲浜は緩やかなラインを描き、奥行きのある景色を作っている。重森三玲ならではの曲線のデザインが美しい。

「閑眠庭（かんみんてい）」方丈北庭

禅寺で唯一「十字架」をモチーフにした珍しい庭。これは瑞峯院を創建した戦国大名の大友宗麟がキリシタン大名だったため、そのオマージュとしてデザインされた。七石の配置が絶妙なバランスで、横長の空間に斜めに配置されている。見てすぐわかるデザインでなく、七石を繋ぎ、想像すると、なるほど十字架！　というところがまた良い。重森三玲の空間デザインの素晴らしさが存分に発揮された庭。

瑞峯院

臨済宗大徳寺派大本山、大徳寺の塔頭。豊後のキリシタン大名、大友宗麟の菩提寺で寺名は宗麟の法名から名付けられた。重森三玲が作庭した石と白砂、苔の「独坐庭」「閑眠庭」があり、命名は禅語が由来。室町後期に建てられ現存する本堂、表門は国指定重要文化財。

【主な来歴】

1535年（天文4年）
大友宗麟が創建。開山は大徳寺第九十一世・徹岫宗九。

室町時代 ／ 近現代

【作庭】

1961年（昭和36年）
重森三玲が「**独坐庭**」（64～66頁）、「**閑眠庭**」（67頁）、茶庭を作庭。

所在地とアクセス｜京都府京都市北区紫野大徳寺81／市バス「大徳寺前」下車、徒歩5分
拝観｜9時～17時／大人 400円　小人 300円

地蔵院

jizo in

〈京都市西京区〉

十六羅漢の庭　方丈の枯山水庭園

庭の中央にある樹齢350年の椿の大木は「胡蝶侘助（こちょうわびすけ）」という種類。
以前は支柱で支えられていたが、今はこの樹形を美しく保つために、枝の剪定に気を遣っておられる。
苔も美しく、手入れが行き届いていることが伝わる。椿の花が一斉に咲く姿も見事。五葉松の大木も
何と樹齢350年。ここには植物が長生き出来る空気と細やかなお手入れの両方が揃っている。

静寂が包む
十六羅漢の庭

地蔵院の参道を歩くと、その静寂な空気と苔の美しさに目を見張る。苔は綺麗にお手入れされ、雑草一つ生えていない。京都にこんな静かで緑の深い場所があったのかと感動する。

方丈に入ると「十六羅漢の庭」が広がる。苔むした石が所々に据えられた深緑の苔の景色が、この庭に流れる悠久の年月を感じさせる。そして庭の中央の樹齢三百五十年の大きな椿の木が静かに私達を迎えてくれる。赤に白い斑入りの花が咲くこの美しい椿の存在が、庭を一層魅力的なものにしている。数年前まではこの木を支える竹の支柱があったが、現在は支柱に頼らず、自ら樹形が保てるよう剪定を工夫されている。枝を広げ庭にたたずむ椿の木は、まるで空から舞い降りた天女のようだ。

「十六羅漢の庭」は、一三六七年地蔵院の創建時に、宗鏡禅師によって作られたと伝えられる。宗鏡禅師は地蔵院の開山、夢窓国師の高弟だった。夢窓国師は西芳寺などの庭園を作った高僧。宗鏡禅師もそばで庭作りを手伝っていたかもしれない。一六八六年方丈を再建した際、庭も今の姿に改修された。

石は「十六羅漢」という十六人の修行僧の姿を表しているが、よく見ると十六個以上の石が庭にある。ご住職の奥様、藤田薫さんにお話を伺うと、「男山の方向に向かって配置された石が羅漢さんを表し、正面を向いている石は他のものを表現していると言われています」とのこと。男山とは、石清水八幡宮の山。羅漢達は八幡宮に向かって願をかけている姿なので、男山の方向（左手後方）に少し傾いているそうだ。石の据え方にも工夫が施されているのはとても面白い。

境内の苔は、ご住職と先代とでお手入れされている。決して他の人には任せっきりにされないそうだ。訪れた日も、ご住職が黙々と苔に生えた雑草を取ったり、落ち葉を拾ったりしておられた。奥様によると「すべては愛です。愛情がないと、ここまでのお手入れはできません」

竹ぼうきの履き方も、苔を守るよう力加減に気をつけておられる。自然に寄り添い、自然を愛し、自然を美しい姿に保つ。ここに来ると豊かな気持ちになれるのは、日頃のお手入れや自然への心遣いを感じるからだろう。

十六羅漢の石が今もなお佇む

創建当初からある庭園の十六石は「十六羅漢」に見立てられている。十六羅漢とは、仏教を尊び、守ろうと誓った十六人の修行僧のこと。ここの羅漢石はたいへん珍しく、南東にある男山の石清水八幡宮に願をかけている姿を表しているため、男山の方に向けて据えられている。石はすべて地元で採れる石。「竹の寺」と呼ばれるように背景の竹林も美しい。


苔は繊細な植物で、雑草やゼニゴケのような悪い苔に浸食されるとすぐ枯れてしまう。

綺麗な苔はお手入れが行き届いている証拠。地蔵院の苔は、ビロードの絨毯のように美しい。

これは先代やご住職が丁寧に手入れをされている賜物。境内ではウマスギゴケ、ホソバオキナゴケ、コバノチョウチンゴケ、エゾスナゴケなど何十種類もの苔が育つ。

公開されている方丈茶室の猪目窓からの景色。

総門から中門まで心が洗われるような苔の参道が続く。

地蔵院

臨済宗の寺院。歌人の藤原家良の山荘があった場所に建てられ、竹林で囲まれていることから、別名「竹の寺」。一休禅師が幼少の頃、修養した寺としても知られている。秋は紅葉とのコントラストが美しい。胡蝶侘助は三月が見頃。方丈は市登録有形文化財、庭園は市登録名勝。

〔主な来歴〕

1367年（貞治6年）
室町幕府管領、細川頼之が創建。夢窓国師の高弟、宗鏡禅師により夢窓国師を勧請開山とする。

室町中期
細川家の庇護を受けて寺域を拡大し栄えるが、応仁の乱により諸堂が焼失。

1686年（貞享3年）
第十四世・古霊和尚が方丈を再建。

南北朝時代／室町時代／江戸時代

〔作庭〕

1367年（貞治6年）
宗鏡禅師が**「十六羅漢の庭」**（*68〜71*頁）を作庭。

1686年（貞享3年）
庭を現在の景観に改修。

所在地とアクセス｜京都府京都市西京区山田北ノ町23／京都バス「苔寺・すず虫寺」下車、徒歩約3分。
拝観｜9時〜16時30分／大人500円　小中高生300円

苔を使った庭園のデザイン

地表を覆う青々とした苔は、石や砂を用いて自然を表した枯山水の庭園においては、様々なモチーフを表しています。苔は主にスギゴケが使用されています。

◉京都五山

白砂に浮かび上がる苔の築山は五つあり、京都五山を表しています。京都五山とは、京都にある禅宗（臨済宗）の五大寺のこと。**東福寺の方丈南庭**（*p.24*）

◉大海／雲

一面の苔地は、そびえ立つ須弥山に対して大海を表しています。また一方で、青石は龍とされており、その場合苔は雲海に見立てることができます。**龍源院**（*p.30*）

◉亀島

亀島が丸い苔地で表されています。抽象的な表現ができるのも苔の魅力です。**龍源院**（*p.30*）

◉蓬莱島

蓬莱山を表す石組の土台となっている苔地で蓬莱島を、白砂で大海を表しています。苔の陸地によって、蓬莱山の大きさが際立ちます。**瑞峯院**（*p.64*）

苔むす石が風情を添える

庭の苔は自生のものも多く、何とも言えない趣きがあります。表面に凹凸がある石は苔がつきやすく、長い時間をかけて苔むしていきます。

石についたハイゴケとスナゴケ。**白龍園**（*p.134*）

上｜**宝厳院**（*p.42*）
下｜**貞観園**（*p.124*）

自然に囲まれた地方の苔の庭

京都において栄えた庭園文化は、
やがて地方の寺院や武士へと伝播した。
豊かな自然と共にある庭は
借景も見事だ。

平泉寺 白山神社

平泉寺白山神社

heisenji hakusan jinjya

〈福井県勝山市〉

二の鳥居の先にある、幕末に建てられた拝殿。

「なるべく自然のままで」という考えの元、境内の樹木はなるべく切らないように、
そして苔も自然のまま大切にされている。そのお陰で大杉の木々の中に広がる苔の景色はとても美しい。
礎石や切り株が苔むす風景には、遠い昔の人々の気配が残っている。
古の景色を想像しながら静かな境内を歩くと、時を忘れる。

一向一揆によって焼失した旧大拝殿址の礎石。
南北83m、東西13mという全国でも類をみない規模だった。
約3分の1の現拝殿（p.74）は、その中央に建てられている。

神域に守られた清浄な庭

福井県勝山市の平泉寺白山神社は、七一七年泰澄大師によって開かれた平泉寺がはじまり。平安時代には延暦寺の末寺となり、白山信仰の中心として栄えた。しかし一五七四年（天正二年）、越前の一向一揆の兵火によって全て焼失してしまう。その後復興するが、明治の神仏分離令により白山神社として残った。今は通称として平泉寺が残る。

かつて一大宗教都市として栄えたこの地は、今は静寂な時間が流れ、大杉の木立の中にビロードのように美しい苔がどこまでも続く。ここの杉は決して手を入れてはいけないとされている。「全ては自然のままに」というのが宮司の平泉隆房氏のポリシー。大杉と苔の雄大な景色が、千三百年という時の流れを包み込んでいるようだ。

社務所の隣りには、室町時代に作庭された回遊式枯山水の「旧玄成院庭園」がある。林の中にひっそりとたたずむ、苔むした石や灯籠が美しい。斜面の高くなったところには本尊石があり、その周りに石群が渦状に配置されている。本尊石はまるで仏様が天上から見下ろしているようで神々しい。イチイ（一位）の木が蓬莱山に見立てられ、鶴石と亀石と共に「蓬莱思想」の庭になっている。苔に覆われた層塔は時代を感じさせ、在りし日の栄華を伝えるようだ。今は鳥の声だけが聞こえる静かな場所。訪れた初夏の季節、光り輝く苔庭に立浪草の小さな紫の花が沢山咲き、とても愛らしかった。

平泉家は、代々平泉寺を守る家柄。お爺様である先々代の宮司が残された遺言を、今も大切に守っておられる。それは「平泉家は全身全霊で白山神社を守ること」、そして「参拝者からは決してお金を取ってはいけない」こと。この清廉な精神が、この場所をより清々しく、美しくさせているのだろう。苔の中の参道を歩いていると、ここが今も特別な場所であることがよくわかる。美しい場所には、美しい精神が生き続ける。

精進坂と一の鳥居。境内最奥の三宮の先には、霊峰白山への登拝道がある。
登拝道の入り口は、石川県、福井県、岐阜県の3カ所にあり、それぞれに寺社が建った。

旧玄成院庭園（きゅうげんじょういんていえん）

枯山水庭園

イチイの木が蓬莱山を表している

美しい苔が広がる室町時代の庭園。当時は平泉寺の塔頭だった玄成院の庭園で、本尊石の周りに渦状に石が据えられている。室町時代の庭によく見られる据え方で、北畠氏館跡庭園（112頁）も同じ石の配置。イチイの木が蓬莱山を表すのは珍しく、鶴石、亀石とセットで蓬莱思想の庭を表す。苔むした灯籠や層塔からも、当時の華やかな庭園の様子が窺える。今も村の行事で庭のお手入れをされていて、地元の人に愛され、守られている場所なのがよくわかる。

石橋と亀石

地元民を中心に定期的に手入れされた苔庭には、所々に立浪草が生えている。
すべて摘み取ってしまわない、そうした心配りが伺える。

ヒノキゴケ、スギゴケなどが密集して厚い層を作っている。
昭和に実施された調査で境内の苔を調べたところ、約150種にも上った。

層塔

江戸時代に越前藩主松平重富によって再建された本社。
白山山頂を天嶺としていることから、本社は中宮と称している。

平泉寺の名前の由来となった泉が湧き出た御手洗池。そばには泰澄大師が植えた幹が三つに分かれた御神木の杉がある。

旧参道の石段。麓の旧参道の石畳の石は、九頭竜川から修行僧達が手で運んだと伝えられる河原石。約1000年前に作られた道とされる。平泉寺は戦国時代には8000人もの僧兵が暮らす宗教都市だった。当時の僧侶の住居の跡や、石畳、石垣も残っており、かつての繁栄をしのばせる。木曾義仲や源義経、弁慶もこの地を訪れたと言われる。苔むした石の階段を、歴史上の英雄達が意気揚々と駆け上がったのかもしれない。

平泉寺白山神社

正式名称は白山神社。福井、石川、岐阜の一県にまたがる、白山を信仰する福井の拠点。白山は富士山、立山に並ぶ日本三霊山の一つ。中世には白山山頂までの広大な敷地を有し、白山平泉寺の名で知られていたが、明治の神仏分離の令によって寺号を廃した。境内一帯を覆う苔により、別名「苔宮」。北陸に現存する庭園で最も古い旧玄成院庭園は、国指定名勝。境内は国指定史跡。

〔主な来歴〕

717年（養老元年）
泰澄大師が白山を開き、神社を創立。その後、平安時代後期に比叡山延暦寺の末寺となる。

1574年（天正2年）
一向一揆により、全山焼失。

1583年（天正11年）
顕海僧正が再興。豊臣秀吉の保護を受ける。

奈良時代／室町時代／安土桃山時代

〔作庭〕

1531年（享禄4年）
室町幕府管領・細川高国が**「旧玄成院庭園」**（80頁）を作庭。

所在地とアクセス｜福井県勝山市平泉寺町平泉寺56-63
えちぜん鉄道勝山永平寺線「勝山駅」から京福バス「平泉寺神社前」下車すぐ。
拝観｜自由

慈恩禅寺

jion zenji

〈岐阜県郡上市〉

上｜臥龍池と鶴島。澄んだ心字池の水面に苔や青葉が映し出される様子は目にも涼しい。
左｜独立峰と妣流瀑。豊かな水は滝となり、庭の背後の岩壁を流れ落ちる。

不老岩と桃燈石（ちょうちんせき）

水音が響く清流の庭

郡上八幡は美しい小川が流れる水の町。今も町に流れる川が生活用水に使われている。小径を歩くと秋海棠の花が川辺に咲き、鯉が泳ぐ姿が涼しげで気持ち良い。金物屋や酒屋の古い町並みが残る景色は、どこか懐かしい気持ちにさせる。そんなノスタルジックな町の中に、慈恩禅寺はある。

慈恩禅寺は一六〇六年（慶長十一年）、郡上八幡城主の遠藤慶隆が開基（スポンサー）となって創建された寺院。慶隆は京都妙心寺五十八世の円明国師に勧請し、円明国師の高弟であった半山禅師を創建開山（初代住職）として迎える。

庭園「荎草園」は、江戸時代初期に半山禅師によって作庭されたと伝えられる。自然の岩壁を利用した滝には山からの豊かな清水が流れ、池に注ぎ込む。常に水音が聞こえる心地良い庭だ。背景の岩盤、もみじの木々、苔が美しい深山幽谷の景

色だ。明治二十六年の集中豪雨で裏山が崩壊し、庭の半分以上が埋没した。岩山（対岸の独立峰）により被災を逃れた部分が現在の庭園だ。岩山中央には弁財天が祀られる。

この庭の魅力は池泉式庭園と露地庭園の両方を楽しめること。書院右には池泉が広がる豊かな水の庭、左には苔が美しい露地庭園が広がっている。その両方の景色を一度に眺められるのは珍しい。滝の音を聞きながら、ずっと眺めていられる。

露地にある灯籠もとても良い。細身のすらっとした灯籠は上品で、苔の庭に映える。この春日灯籠は、金森宗和（かなもりそうわ）の祖父の代から金森家が代々大切にしていたもの。金森宗和は宗和流茶道の祖。金森宗和の母は遠藤慶隆の娘で、慈恩禅寺と縁が深い。灯籠は金森家の国替え、改易を経て寺に安置された。馬の背に乗せ、峠を越えて運ばれたと伝えられる。

水音を聞きながらキラキラと輝く水面と苔の庭をゆっくり眺めていると、清らかな空気に心が浄化されるようだ。古の武将や茶人に愛された庭は、今も人々の心を魅了する。必ずまた訪れたいと思う庭だ。

荎草園（てっそうえん）

書院前庭の池泉回遊式庭園

書院「白栢室（びゃくねんしつ）」より望む。庭の背景にある自然の岩壁を利用した滝は見事だ。

美しい庭の要素の一つに「背景」がある。竹林や山の借景など様々な背景があるが、ここの庭のように美しい岩壁と自然の滝の景色は珍しい。また澄んだ池の水や心地良い水音もこの庭の魅力。水の町郡上八幡だからこそ作る事が出来る庭園。普段のお手入れはご住職自らがされている。雑草一つない、行き届いたお庭に気持ちが晴れやかになる。

露地庭園

茶室に付随した庭を、茶庭または露地という。ここの露地はスギゴケなど美しい苔と飛石、
そして金森宗和の金森家が所有したと伝えられる春日灯籠が据えられている。
その右横にある石は、一切経を収めた経蔵の礎石。明治26年の被災の後ここに据えられた。

鶴亀の庭園

昭和に作られた鶴と亀を見立てた枯山水の庭。京都の竹中造園の作。現在のご住職の晋山記念に作庭された。建物と廊下に囲まれた四方から眺められる庭で、どこから眺めても大石の迫力が迫ってくる。すべて地元の石を使って作庭されている。

露地庭園の左端にある美しい石組の水琴窟は、明治後期に茶道松尾流の宗匠、松尾半古が山の修行僧と共に山から岩を運び設置した。100年もの間この庭に美しい音を響かせている。

慈恩禅寺

臨済宗妙心寺派の禅寺。正式名称は、慈恩護国禅寺。当初「慈恩禅寺」だったが、江戸中期に「護国」の称号を賜る。土佐藩初代藩主、山内一豊の正室で開基・遠藤慶隆の妹である千代（見性院）ゆかりの寺院でもある。庭園「荎草園」は市指定名勝。

〔主な来歴〕

江戸時代

1606年（慶長11年）
八幡城主、遠藤慶隆が開基。勧請開山は京都・妙心寺の南化玄興禅師、創建開山は半山禅師。

近現代

1893年（明治26年）
集中豪雨により埋没。

1896年（明治29年）
伽藍再建。

2015年（平成27年）
庫裡改築。

〔作庭〕

江戸時代

1606年（慶長11年）
半山禅師が**「荎草園」**（84~89頁）を作庭。

近現代

1980年（昭和55年）
京都の竹中造園が**「鶴亀の庭園」**（91頁）を作庭。

所在地とアクセス｜岐阜県郡上市八幡町島谷339／長良川鉄道「郡上八幡駅」より車で5分／高速岐阜バス「愛宕町慈恩禅寺前」下車、徒歩1分

拝観｜9時～17時（12～2月は16時30分まで）／大人 500円　小中学生 300円

円通院

entsu in

〈宮城県宮城郡松島町〉

バラから苔へ
和洋の庭

　二〇一九年にデンマークに旅をした。永年の友人だったビャーネおじさんが癌で亡くなり、彼のお墓参りに行くためだった。デンマークは個人で埋葬方法を選べる。ビャーネの希望で墓石は作らず、広々とした何もない芝生に埋葬されていた。お墓を作ると子供達が維持や手入れで大変だから、という理由だった。驚いたのは、家族の誰も芝生のどこに埋葬されているか知らされていないこと。何となくの方向に手を合わせる事が不思議な感覚だったが、それがかえって自然や日本庭園を愛した彼らしさを思わせた。全てのものは自然に帰る。「場所よりも、彼のことを想う方が大切なのよ」と奥さんのリアが教えてくれた。

　円通院は、伊達政宗の孫である伊達光宗の霊廟として、一六四七年瑞巌寺第百世洞水和尚によって創建された。光宗公を祀った「三彗殿」には、豪奢な装飾で彩られた厨子があり、その扉には可愛いバラと水仙の絵が描かれている。これは支倉常長が慶長遣欧使節団として訪れたローマのバラとフィレンツェの水仙。厨子の中に西洋の花の絵が描かれることは珍しい。支倉常長はヨーロッパからバラを持ち帰ったと伝えられ、その事に因んで境内には「白華峰西洋の庭」というバラ園が作られている。禅寺の中に西洋庭園がある光景は初めて見た。中央の噴水も和洋折衷のデザイン。背後に見える宝塔も不思議と馴染んでいる。

　本堂大悲亭の前にある池泉式庭園は、伊達藩江戸屋敷にあった庭の一部をこちらに移築したもの。江戸時代、小堀遠州の作と言われている。築山の起伏の美しさ、変化に富んだ護岸のデザインが小堀遠州らしい雰囲気を出している。伊達藩江戸屋敷にあった時はさぞかし立派な庭だったのだろう。日本と西洋の文化が融合するこの場所は、伊達藩の当時の文化レベルの高さを感じさせる。

　ビャーネの夢は日本中の美しい庭園を見て回る事だった。寺院の中に西洋庭園と日本庭園が共存するこの場所は、きっ彼のお気に入りになっただろう。彼のことを想うことで、一緒にこの地を旅してくれている気がした。

みずみずしい苔と木々に覆われた緑の参道の先に三慧殿が現れる。

青々としたハイゴケなどの苔が自生し、苔寺として知られるようになった。
苔が美しい境内には、可愛い草花がいたるところに植えられている。
檀家さんを中心とした山野草が好きな方達がお手入れされているそうだ。
お花に彩られた素敵な寺院。

伊達藩江戸屋敷にあった庭の一部を移築したもので、江戸時代、小堀遠州の作と伝えられる。
心字池と、観音菩薩が住むとされる補陀落山（ふだらくせん）を表した上品な庭園。
特徴的な形の出島が目を引く池には、新緑から初夏にかけて睡蓮の花が咲き、まるで極楽浄土のような景色。

昭和に完成した枯山水庭園。「天の庭」（写真）は、松島湾に浮かぶ「七福神の島」の景色を表している。
石は島、白砂は海、苔地は松島の山々の景色。松島の雄大な景色が枯山水で表現された美しいデザイン。
「地の庭」（写真の右側より続く庭）は「三宝の庭」を表し、天の庭と地の庭を繋ぐ石橋「天水橋」がアクセントになっている。石は全てこの土地のもの。腰掛待合の円窓から眺める景色も美しい。

右上｜光宗公の霊廟で国重文「三慧殿」の厨子には、支倉常長が訪問したローマのバラ、フィレンツェの水仙の他にもアカンサスやガーベラなどの西洋の植物が描かれている。支倉常長は伊達政宗の命により、慶長遣欧使節団の団長として江戸時代にヨーロッパに渡航。アジア人として唯一フランシスコ派カトリック教徒となり、イタリアで貴族の称号までもらった。当時の日本と西洋の文化交流がこの厨子から伝わる。　左上｜厨子に描かれたバラと水仙。　下｜「白華峰西洋の庭」では、厨子に描かれたバラやアカンサスが見られる。

円通院

臨済宗妙心寺派の寺院。伊達政宗の嫡孫、光宗の霊廟として建立された。近くには、日本三景の松島がある。境内にある四つの庭の一つ、西洋式のバラ園「白華峰西洋の庭」にちなんだバラ寺の名称で親しまれてきたが、近年は苔寺としても知られている。光宗の霊屋「三慧殿（圓通院霊屋）」は国指定重要文化財。本堂「大悲亭」や山門、本尊は町指定文化財。

【主な来歴】

1647年（正保4年）
瑞巌寺第百世・洞水和尚により三慧殿が建立され、開山。開基は仙台藩二代藩主、伊達忠宗。

【作庭】

江戸時代

江戸初期
伊達藩江戸屋敷に小堀遠州が庭を作庭。その後、一部を円通院に移築（時期は不明）。

近現代

2000年頃
第十三世・天野明道が「瞑想の庭」「**雲外天地の庭**」（95頁）「**白華峰西洋の庭**」（96頁）を作庭。

所在地とアクセス｜宮城県宮城郡松島町松島字町内67／ＪＲ仙石線「松島海岸駅」より徒歩5分／ＪＲ東北本線「松島駅」より徒歩20分

拝観｜8時～17時（10月下旬－11月は8時30分～16時30分、12月－3月は9時～16時）
大人 300円　高校生 150円　小人 100円

水遣りの話

苔は面白い植物だ。苔には「根」がない。根っこのような「仮根」はあるが、他の植物とは違って養分や水分を吸収するためのものではなく、木や石に張り付くためのもの。ただ「へばりつく」ためのものなのだ。土から水分を取らない代わり、苔は全体で水分を吸収する。そのため苔にとって湿度は重要。湿気の多い日本が苔の生育に適しているのは、苔のそんな特性による。美しい苔の景色には水分が欠かせない。

しかし最近の雨が降らない夏は、苔にとってかなり厳しい環境だ。苔が綺麗な庭の庭師さん達に「雨が降らない時、どれくらいの頻度で水遣りをするか」とお聞きしたところ、何人かの方は「特に水遣りはしません。自然に雨が降る時に任せます」と仰っていた。苔は甘やかしてはいけない、そうだ。そうすると強い苔になり、雨が降らなくても耐えられるようになるそう。自然環境と同じように「苔はスパルタで育てる！」のだ。

見る人を和ませる、苔むす石の情景。 **黄梅院** ≫ *p.58*

教林坊

kyorin bo

〈滋賀県近江八幡市〉

―蓬莱庭園　書院の池泉回遊式庭園―

書院の西側に広がるのは、小堀遠州の作と伝えられる池泉回遊式庭園。池に据えられハイゴケなどで苔むした二石は亀島、斜面中腹の斜めになった立石は鶴首石を表す。石を沢山使った、鶴亀のおめでたいモチーフの庭。作家白洲正子も随筆「かくれ里」の中で、教林坊を「石の寺」と呼んでいる。石好き、苔好きにはたまらない場所。

原風景を伝える巨石の庭

日本人は自然石を愛でる民族だ。西洋庭園や中国庭園には、日本のような自然石をメインにした庭はない。西洋庭園ではローマ時代の遺跡の井戸や聖杯の石を置くことはあっても、自然石を据えることは無い。中国では無数に穴が開いた石や、龍や虎に見える石を愛でる。また青や緑、赤色のカラフルな石が好まれる。一度中国人の「石マニア」で、自分がコレクションした石の美術館を造ろうとしている方を案内した事がある。石が美しい京都の庭園を一日たっぷり案内した最後に、彼が一言「日本の石は地味だね」。ガッカリする彼の姿を見て、私もガッカリ。中国の人が好む石はもっと派手なもので、日本の自然石はお好みではなかった。

教林坊は「石の寺」と呼ばれる、石と苔の景色が美しい寺院。六〇五年(推古十三年)、聖徳太子によって創建されたと伝えられる。「教林」とは、聖徳太子が林の中で教えを説いたことに由来し、境内には「太子の説法岩」と呼ばれる巨石がある。また聖徳太子の作と伝えられる本尊の石仏が、大石で囲まれた岩窟の中に祀られている。これらの巨石は元々古墳だったもので、大石は石室の蓋石。この古墳の石がこの場所を神秘的なものにしている。古来日本には「古墳の石を使う事で古人の力を借りる」という考えがあった。巨石信仰など、日本人は石が持つパワーを大切にしてきた。日本庭園の原点は古墳にあるのかもしれない。

書院の西側に広がる庭園は、小堀遠州の作と伝えられる。斜面を利用した築山には沢山の石が据えられ、奥行きのある庭園になっている。亀島の石や、斜めにスッと立つ鶴首石などの石はすっかり苔むし、この場所に長い年月が流れていることがわかる。ここの苔や石は神々しい。自然信仰とはこういう景色から生まれるのだろう。ジブリ映画は、苔や石の自然風景の描写がとてもリアルで美しい。ハリウッド映画ではこの世界は描けない。苔むした石は日本人の原風景。教林坊のような風景に心が落ち着くのは、私達が本来持っている「自然への畏怖」の表れなのかもしれない。

「太子の説法岩」は、聖徳太子がここで説法を説いたと伝えられる石。庭の中でもかなり存在感がある。
聖徳太子の作と伝えられる本尊の石仏観音は「赤川観音」と呼ばれ、岩窟の中に祀られている。
この巨石は元々古墳だったもので、一部の石は石室の蓋石だったとされる。

築山から見下ろした書院と庭園。奥には「普陀落（ふだらく）の庭」が見える。室町時代の作とされる。
普陀落山（ふだらくせん）は、観音菩薩が降り立つとされる伝説の山のこと。

茅葺きの書院は、里坊建築の様式を伝える江戸時代前期のもの。侘びた風情の茅葺き建築と、もみじ、苔、石が作る景色は、まさに深山幽谷の趣き。書院の窓から眺める庭は「掛軸庭園」と呼ばれ、庭園と書院の完璧な「庭屋一如」の世界になっている。もみじの林の中に現れる茅葺きの建物は、日本昔話に出てくるよう。タイムスリップしたような錯覚になる。

教林坊

天台宗の寺院。聖徳太子によって創建され、寺名は林の中で太子が説法したことに由来する。境内には巨石「太子の説法岩」と霊窟があることから、別名「石の寺」。小堀遠州作と伝えられる庭園は市指定名勝。書院は市指定有形文化財。一時期荒廃していたが復興し、二〇〇四年からは一般公開を開始している。

〔主な来歴〕

	来歴	作庭
飛鳥時代	605年（推古13年）聖徳太子が創建。	
室町時代		**「普陀落の庭」**（102頁）が作庭。
安土桃山時代	織田信長の焼き討ちにより焼失。その後、江戸初期に再興する。	桃山末期から江戸初期 伝小堀遠州作の**「蓬莱庭園」**（98～103頁）が作庭。
近現代	1995年（平成7年）廣部光信現住職が就任し、以後、昭和五十年頃から無人になり、荒廃していた寺の復興作業が行われる。	

所在地とアクセス｜滋賀県近江八幡市安土町石寺1145／JR「安土駅」より車で10分。

拝観｜春と秋、年2回の公開期間のみ／春・大人 600円　小中学生 200円／秋・大人 700円　小中学生 200円

漢陽寺

kanyo ji

〈山口県周南市〉

境内には、昭和の名作庭家、重森三玲による六つの庭がある。
枯山水様式に水の流れを引き入れる斬新な発想が取り入れられた。
写真は、地蔵遊化の庭（右）と曲水の庭（左）。

曲水の庭

平安時代様式遣水形式の曲水庭園

水が流れる枯山水の庭

「放下着（ほうげじゃく）」という禅語がある。放下とは「執着を捨てる」ことで、「着」は前の言葉を強調する言葉。漢陽寺の杉村宗一ご住職から教えていただいた言葉で、「執着することなかれ」、「捨てっちまえ！」という意味になる。きつい言葉に聞こえるが、ストンと心に響く。この言葉を知った時些細な事で悩んでいたが、捨てっちまえ！の言葉にはっとした。執着から一歩離れたところに身を置くと、なんて心が軽くなるのだろう。色々に縛られてしんどい時は、執着し過ぎず「捨てっちまえ」でいいのだ。

漢陽寺は一三七四年、用堂明機禅師を開山、大内盛見を開基とし、大内家の祈願所として創建された。由緒あるこの寺院に、昭和の名作庭家、重森三玲が足かけ八年かけて作った庭が六つもある。一つの寺に重森三玲の庭が六つもあるのは大変珍しい。作庭家と施主の関係が良か

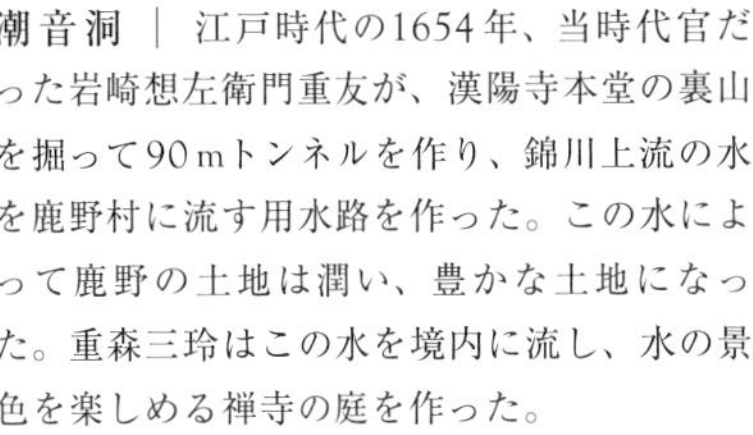

潮音洞｜江戸時代の1654年、当時代官だった岩崎想左衛門重友が、漢陽寺本堂の裏山を掘って90mトンネルを作り、錦川上流の水を鹿野村に流す用水路を作った。この水によって鹿野の土地は潤い、豊かな土地になった。重森三玲はこの水を境内に流し、水の景色を楽しめる禅寺の庭を作った。

ったからこそ出来た仕事だ。杉村ご住職のお父様である先代のご住職が重森三玲に作庭を依頼した時、周りには反対する人もいたそうだ。しかし「絶対いい庭になるから」と説得。その姿に重森三玲は感銘を受け、京都から何度も訪れて作庭を指示し、最終的に六つの庭が完成した。

一九七〇年に作庭された「曲水（きょくすい）の庭」は、平安貴族が和歌を詠んで楽しんだ「曲水の宴」を表現した庭。枯山水の庭と水の流れを融合させた、ユニークな禅の庭だ。先代は龍安寺の石庭のような庭を希望されたが、重森三玲は「絶対この水を利用した方が良い」と庭に水を流す事を提案した。この水とは本堂の背後にある「潮音洞」のこと。江戸時代の一六五四年に裏山を掘って作られたトンネルで、二百メートル離れた錦川の水を鹿野まで引き入れた。この水を庭に流すという斬新なアイデアによって「水音が聞こえる枯山水」という新しいスタイルの庭が完成した。本来水が流れる庭は枯山水とは言わない。しかしあえてこの庭を「水が流れる枯山水の庭」と呼びたい。重森三玲の伝統に縛られない自由な発想と、それを支えた住職や地域の人々との関係で生まれた庭なのだ。

地蔵遊化の庭
平安時代様式

地蔵遊化の庭の奥に見えるのは、鎌倉様式の「蓬莱山池庭」。

六つの庭の背景には 重森三玲と人々の交流があった

「地蔵遊化の庭」は子供達が遊ぶ姿を表現した枯山水庭園で、四方から眺めることが出来る庭。重森三玲は「石に裏表などない。全ての面が表」とこの石の配置を楽しんだという。

重森三玲が漢陽寺で作庭するにあたっては前ご住職の説得もあって、最終的に地域全体で支援するようになった。毎日のご飯を担当したのは、前ご住職の奥様を中心とした婦人会。重森三玲は毎晩遅くまで、手伝いに来た人達と庭や茶道、芸術について語り明かした。

九山八海の庭
鎌倉時代様式

仏教の世界観を表し、築山の須弥山を囲むように九つの山と八つの海を表している。
手前の池の水は潮音洞から引いている。

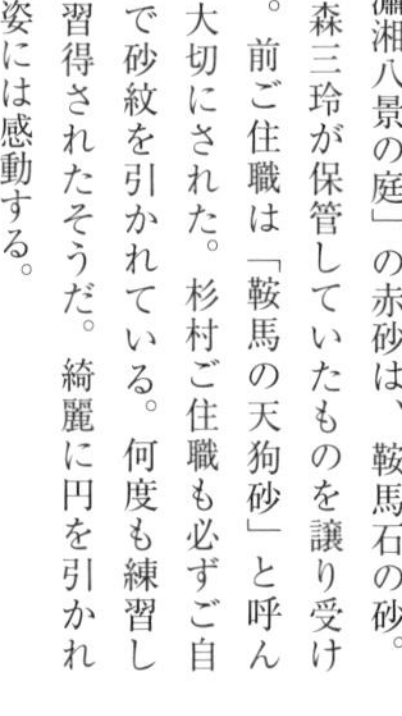

瀟湘八景（しょうしょうはっけい）の庭（非公開）

「瀟湘八景の庭」の赤砂は、鞍馬石の砂。重森三玲が保管していたものを譲り受けた。前ご住職は「鞍馬の天狗砂」と呼んで大切にされた。杉村ご住職も必ずご自分で砂紋を引かれている。何度も練習して習得されたそうだ。綺麗に円を引かれる姿には感動する。

山門前には桃山時代様式の「曹源一滴（そうげんいってき）の庭」がある。

漢陽寺

正式名称は大本山南禅寺派別格地鹿苑山漢陽寺。京都五山の別格、臨済宗南禅寺派の寺院で、大本山南禅寺の別格地として山口県屈指の名刹。境内には七つの庭園があり、六つは重森三玲（公開しているのは五つ）、残る一つは重森三玲の弟子、齋藤忠一が作庭した。

〔主な来歴〕

1374年（文中3年）
用堂明機禅師が開山。開基は周防・長門・豊前・筑前守護大名の大内氏二十六代当主、盛見。

1654年（承応3年）
錦川上流の水を引く潮音洞が造られる。

1989年（平成元年）
「新築方丈建築復興」により境内の景観が整えられる。

南北朝時代 ／ 江戸時代 ／ 近現代

〔作庭〕

1969～1973年（昭和44～48年）
重森三玲が**「曲水の庭」「地蔵遊化の庭」「蓬莱山池庭」「九山八海の庭」「曹源一滴の庭」「瀟湘八景の庭」**（*104～111*頁）を作庭。

所在地とアクセス ｜ 山口県周南市鹿野上2872／ＪＲ山陽本線「徳山駅」よりバス「鹿野」下車、徒歩10分

拝観 ｜ 9時～16時（不定休）／大人 400円

北畠氏館跡庭園

kitabatakeshi yakataato teien

〈三重県津市〉

一乗谷朝倉氏遺跡（p.118）と同様に室町時代に武士によって作られた武家庭園。
九山八海の石群や護岸の石組から、当時すでにこの地域に素晴らしい庭園文化が花開いていたことがわかり、
武士の教養の高さや権力がこの庭園からうかがえる。今は木々が高くて見えないが、
背景の局ヶ岳が借景となり、更に広々とした眺めになっていたのだろう。

苔とともに蘇った武将の庭

三重県の北畠神社の境内にある北畠氏館跡庭園は、伊勢国司だった北畠晴具の養父、細川高国が室町時代に作ったとされる庭。石と苔が美しい庭園で、谷川から流れ込む澄んだ池の水は清々しく、もみじの葉が苔に映える。庭の立石群は仏教の世界観「九山八海（くせんはっかい）」の景色を表している。一番大きな石が世界の中心にそびえ立つ「須弥山（しゅみせん）」で、庭の中に雄大な景色が広がる。ここの石の据え方には特徴がある。須弥山の石を中心に、周りの石が渦状に配置されている。これは室町時代の庭によく見られる形式で、四方どこから見ても石の姿が美しく見え、中心の石を一層際立たせる効果がある。建仁寺の「潮音庭」（36頁）を監修した北山安夫氏は、この北畠氏館跡庭園から着想を得て、三尊石を中心に渦状に石を配した庭を作庭した。現代の名作庭家もインスパイアされた庭なのだ。

庭園に使われている九割の石は地元の川石。亀石や座禅石など石の表情が面白く、趣きがある。池の護岸の石組は武将が作った庭園と言われるだけあって大胆で力強いが、同時に上品さもある。相反する二つの要素を兼ね備えたバランスの良さが、この庭を優美なものにしている。小さな滝の前にかかる「琴橋」の石は、志摩地方の海石と伝わっており、北畠氏が伊勢湾から雲出川を使って筏で運ばせたと言われる。少し青味がかった、線状の模様が印象的な石だ。ここぞという要所にご自慢の海石を使うところは朝倉館跡庭園（118頁）と同じ。庭を作った人のこだわりやセンスを感じる。遠くの石をわざわざ運ばせることが出来るのは、権力のなせる業。北畠氏のかつての権勢と庭へのロマンを感じる。

この庭園はかつて荒れ果てていた。雑草だらけで苔も無く、護岸の石組も崩れていたそうだ。しかし現在の北畠神社の宮崎洋史宮司と前宮司の代に、昭和と平成の数度の国庫補助事業により、再び蘇った。そして宮崎宮司が丁寧に庭のお手入れをされたところ、この土地に合う苔がどんどん生え、苔が美しい庭園となった。人の手一つで、室町時代の庭が再び美しくなる。北畠氏と宮崎宮司親子らの庭への想いが繋がった。

奥にある最も高い立石が須弥山を表し、
須弥山を囲むように渦状に石が据えられている。

海石が使われた池の琴橋（上）と庭園入り口の橋のたもとにある亀石（右下）、護岸の座禅石（左下）。

庭を後世に伝える立役者たち

庭園の石や護岸の石組は、昭和三十一、五十七年と平成十二、十三年に修復された。それ以前は石組も崩れ、荒れ果てていたがようやく室町時代の美しい庭園が蘇った。昭和五十七年の時は村岡正氏の監修で徳村造園が修復を担当、平成の時は龍居竹之介氏監修の元、曽根造園が修復を担当した。美しい庭が後世に残るのは、それぞれの時代の庭師達の技術と、庭を守る人々のお陰だ。

池中に浮かぶ亀島。

日々のお手入れは、宮崎宮司がされている。雑草を抜き、落葉や枯葉も毎日丁寧に掃除される。
そうすると苔がみるみる綺麗になったそうだ。「ここの土地に合う苔がどんどん生えてきてくれました」と嬉しそうに話される。苔は、シノブゴケ、ハイゴケ、スギゴケなど。
近年はホソバオキナゴケも混じり、絨毯のような厚い層を作っている。

北畠氏館跡庭園

伊勢初代国司、北畠顕能を祀る北畠神社の境内にある庭園。北畠氏は南北朝時代から室町時代にかけて活躍した公家大名で、庭園は伊勢国司七代目、北畠晴具の時代に居館に造られた。織田信長によって攻め滅ぼされた後、江戸時代に一族末裔が創建した神社の庭園となる。一乗谷朝倉氏庭園、旧秀隣寺庭園と並ぶ日本三大武将庭園の一つで、国指定名勝。

【主な来歴】

1511年（永正8年）
北畠晴具が七代当主となる。

1576年（天正4年）
八代具教の時代、織田信長によって北畠氏が滅亡する。

【作庭】

1528年（享禄元年）
室町幕府管領・細川高国が作庭。

1956年（昭和31年）、1982年（昭和57年）、2000〜2001年（平成12〜13年）
庭の修復が行われる。

室町時代 / 安土桃山時代 / 近現代

所在地とアクセス｜三重県津市美杉町上多気1148／JR名松線「伊勢奥津駅」より車で10分
拝観｜9時〜17時（無休）／大人300円　学生200円　中学生以下無料

一乗谷朝倉氏遺跡

ichijyodani asakurashi iseki

〈福井県福井市〉

諏訪館跡庭園

北畠氏館跡庭園（*p.112*）、旧秀隣寺庭園と共に「三大武家庭園」と呼ばれる、室町時代に作られた武家風の庭。スナゴケ、ハイゴケが覆う石組は豪快で力強いが、上品さも兼ね備える。当時の武家文化の華やかさや、教養や美意識の高さを垣間見ることができる。寺院庭園や公家風の庭園とはまた違った魅力がある。

石と苔だけが遺る
兵の庭

「夏草や兵（つわもの）どもが夢の跡」。これは奥州平泉を訪れた松尾芭蕉が、かつてこの地で栄華を極めた奥州藤原一族のことを思って詠んだ句。松尾芭蕉は、今ではすっかり夏草に覆われ、何もない場所に「栄華の儚さ」をより一層実感した。一乗谷の朝倉氏庭園跡を訪れるたびに、私はこの句を思い出す。美しい滝石組や池の遺構が残るこの一乗谷の景色は、かつてそこに成熟した文化が存在したことを証明している。今では主人（あるじ）もなく、建物もなく、草の生える場所に石組だけが残る。石だけが、何かを語りかける。儚く、夢のように消えた文化の痕跡を、石から知る。

一乗谷は、戦国時代、朝倉氏五代により約百年もの間栄えた城下町だった。しかし一五七三年、織田信長による三日三晩の焼き討ちによって町は壊滅したと伝わっている。その後再び立て直されることはなく土中に埋もれてしまう。四百年後、田畑が広がる農村だった所で朝倉館跡が発見され、一九六七年（昭和四十二年）から発掘調査が始まった。土に埋もれたお陰で遺跡の保存状態も良かった。

朝倉館跡は、四代朝倉孝景（たかかげ）から五代義景（よしかげ）の当主館だったところ。当時京都や奈良から公家、僧侶などの文化人、そして十五代将軍足利義昭もこの地を訪れた。華やかな文化が栄えたことが、庭園の滝石組や護岸の石組の遺構からよくわかる。滝の水分石や岩島などの重要な石は、安島石（あんとう）という坂井市三国町安島から運ばれた石が使われている。安島には雄島（おしま）という神の島があり、雄島石とも呼ばれる。聖域の石なので、権力者しか使えない石だった。流紋岩とも呼ばれる縞模様の美しさは、権力者を虜にする魅力がある。

高台にある諏訪館跡庭園の滝石組は特に素晴らしい。滝に組み込まれた四メートルもある立石の存在感と大きな楓の木、そして谷川からの湧水が滝に流れ、清涼な空気が漂う。諏訪館は朝倉義景の側室、小少将（こしょうしょう）の館だったと伝わる所。立石には江戸時代末に彫られた三代貞景（さだかげ）、四代孝景らの法名が残り、かつての栄華を感じさせる。

兵どもが夢の跡。胸に残るさみしさが、ここの景色をより一層美しく見せるのだろうか。

湯殿（ゆどの）跡庭園

力強い石組は
芸術家をも魅了した

芸術家岡本太郎もインスピレーションを受けたと言われる湯殿跡庭園の石組。滝石組や亀島の石組は力強く、この場所や石が持つパワーを感じさせる。一乗谷で一番古い庭園と推測され、室町時代後期の遺構とされる。かつて水が流れる池泉の庭園だった。ここの高台からは一乗谷の城下町跡が望め、爽やかな風が吹き抜ける。岡本太郎が感動したのもうなずける場所。

岡本太郎はこの横からの眺めを好んだという。

朝倉館跡庭園の遺構には、最古のものと言われる花壇の跡が見つかっている。「笏谷（しゃくだに）ブルー」と呼ばれる福井の笏谷石の縁石も発掘されている。花が植えられ、人々が愛でていたかつての館の姿を想像すると、朝倉氏が築いた華やかな文化や美意識を感じる事が出来る。館と庭園の距離も近く、座敷から景色を眺めていたのだろう。ここは古の暮らしを感じることができる遺跡。

朝倉館の南の庭跡（左）と護岸の石組に使われた安島石（右）。

一乗谷朝倉氏遺跡

五代にわたって越前を約百年支配した戦国大名の朝倉氏の城下町跡で、福井市街から東南約十キロメートル離れた一乗谷川の谷間にある。国の特別史跡であり、二百七十八ヘクタールにも及ぶ敷地からは武家屋敷、寺院、町屋、職人屋敷や道路に至るまで町並みがほぼ完全な姿で発掘された。貴重な出土品は重要文化財の指定を受けている。遺跡内では、発掘調査により十五ヵ所以上の庭園の遺構が見つかっており、朝倉館跡庭園、湯殿跡庭園、諏訪館跡庭園、南陽寺跡庭園の四つは国指定特別名勝。

【主な来歴】

室町時代

1471年（文明3年）頃
斯波氏に代わり朝倉孝景が越前国の統治者となり、以後戦国大名として五代に渡って一乗谷に居城、居館を構える。

1573年（天正元年）
朝倉氏五代義景が織田信長に敗れ、一乗谷が焼失する。

近現代

1967年（昭和42年）
発掘調査が開始。

【作庭】

室町後期
「湯殿跡庭園」（120頁）の後、**「朝倉館跡庭園」**（121頁）、**「諏訪館跡庭園」**（118頁）、「南陽寺跡庭園」が作られる。

所在地とアクセス｜福井県福井市城戸ノ内町／JR「福井駅」から一乗谷朝倉特急バス「復原町並」下車すぐ
見学｜自由

異国の苔は美味しい!?

数年前に若いイタリア人シェフを京都の庭園に案内する機会があった。日本で日本料理を食べるのが夢で、二十三歳になってやっと実現したという。彼は「日本でしか日本料理を食べない!」と心に決め、イタリアでは一度も寿司も天ぷらも食べなかったという徹底ぶり。今回日本で生まれて初めて寿司を食べ、涙を流すほど感動したと話してくれた。

そんな彼のたっての希望で、龍安寺[*1]の石庭を見に行くことになった。境内の庭園を案内していた時、一面に広がる美しい苔を見て彼は嬉しそうに叫んだ。「おお! 美味しそうな苔!」。予想もしなかった一言にびっくりする私の横で、彼は続けて言った。「この苔を僕のレストランでも出したいなぁ」。苔を食べた事があるのか尋ねると、デンマークの有名なレストランで苔がサラダとして出たそうだ。ヨーグルトソースと一緒に食べて感激したと言う。一体どんな味がするのか聞くと「味はないよ。モシャモシャした食感を楽しむんだ」。彼の発言はかなり衝撃的だった。

私達日本人には「苔を食べる」という発想は思い浮かばない。そもそも食べたいとも思わない。それは日本人の中に「苔は神聖なもの」という考えが何となくあるからだろう。苔は長い時間をかけて育つ植物。苔むした美しい景色を見ると、日本人は自然への畏怖や神々しさを感じる。そんな苔を食べるなんて!とイタリア人のシェフに伝えると、不思議そうに「ちゃんと自然の恵みに感謝していただくよ。他の植物と何が違うの?」苔への特別な感情は、日本人だけなのかもしれない。

ちなみにイタリア人のシェフにどうやって苔を料理するのか聞くと、よく洗って土を綺麗に落とし、冷凍庫に二十四時間以上入れてボツリヌス菌などの菌を殺し、自然解凍してドレッシングをかけて食べるのだそうだ。今度イタリアに来てくれたらご馳走してあげるよと言われたが、うーん……と返事に困ってしまった。やっぱり苔は食べられない!のだ。

＊1
京都市右京区にあり、「古都京都の文化財」を構成する一つとして世界遺産に登録されている。十五の石の庭は「七五三の庭」あるいは「虎の子渡しの庭」と呼ばれる。作庭者は不明。

私庭からはじまった苔の庭

名庭とされる庭は、元は一個人の私庭であることも多い。
庭に魅了されたあるじの思いがより強く伝わる、
庭作りの原点のような庭。

貞観園

teikan en

〈新潟県柏崎市〉

苔の海に沈んでいるような心字池の飛び石とヒバ。
霜害がない気候に育まれた園内の苔は、
スギゴケ、ジャゴケなど100種類を超える。

一面に降り積もった新雪のような苔の地表が
園内入口から、主屋の貞観堂（右）に面した庭、
そしてさらに奥まで続く。

庭は江戸時代後期の池泉回遊式庭園。江戸幕府の庭師だった九段仁右衛門と藤井友之進が作庭に携わった。
庭の中に「真」「行」「草」の三つの様式が表現されている。
八代当主の村山亀石は、茶人の松村宗悦や裏千家十一代玄々斉と親交を持ち、茶道や庭園への造詣が深かった。
何層にも重なる苔の景色は溜息がでるほど美しい。代々受け継がれ、守られた貴重な庭。

127ページから続く景色。二つの築山の間には、かつて滝であった石組（右端）があり、その左側の築山。護岸の出島へと飛び石が続いている。

右ページの築山の裾にある灯籠へ向かって、八ツ橋が架けられている。
池の端には茶室「抱月楼」が見える。

名主が守り継ぐ絶景の庭

美しい庭園と出会えた時、私は心から元気になる。イギリスの庭で働いていた時、週末になると車を運転し、郊外の庭園を見て周った。車の運転はかなり苦手。時には車一台しか通れない山道を「対向車来ないでー」と叫びながら走った。しかしたどり着いた庭ではいつも幸せな時間を過ごした。庭園には私の好きなものが詰まっている。石、植物、文化、歴史、芸術、伝統……。そして美しい庭園を見ると、その庭を守る人々の思いやりや愛情が伝わる。そんな心地良さを求めて、日本中、世界中の庭園を見て回るのかもしれない。

新潟県柏崎市の貞観園は、私の心が生き生きとする美しい庭園だった。江戸時代の大庄屋、村山家の屋敷と庭園だったところ。山あいの田園を抜けると、美しい清流の中に貞観園はひっそりと現れる。江戸時代後期、八代当主の村山亀石と九代当主哲斎は、幕府の庭師だった九段仁右衛門と藤井友之進の二人に作庭を依頼

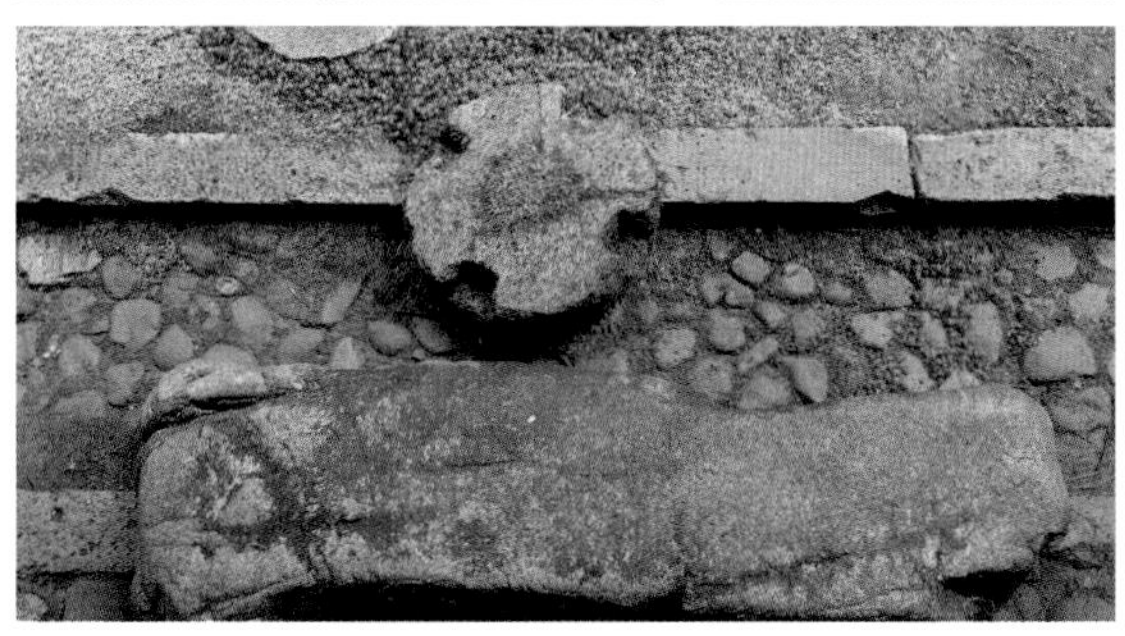

赤玉石（上）とは佐渡島の特別な地域で採れる真っ赤な石のこと。権力者に好まれ、岩崎彌太郎は清澄庭園や六義園に赤玉石を置いた。また大谷米太郎もこの石を好み、ホテルニューオータニの日本庭園には巨大な赤玉石が置かれている。当園も手水鉢の役石や飛石、茶室周りの目立つところに据えてあり、当主が好んだ石だったことがうかがえる。飛石に使われている歯車形の石（下）は、佐渡の炭鉱臼を転用したもの。

し、広大な池泉回遊式庭園が完成した。

周りの自然を取り込んだ借景と、池と築山が作る林泉の風景は、凛として上品。土地の石を使った滝石組や池の護岸の美しさからも、幕府御用達の庭師の力量がよくわかる。この特別な景色を守るため、背景の杉林は今も村山家が所有している。清らかな空気に包まれ、まるでこの場所だけ江戸時代のまま時が止まったようだ。

庭のもう一つの見どころは、苔の美しさ。苔の風景が何層にも重なり、庭の奥行きをつくっている。その苔むした景色はこの世のものとは思えない。縁側に座って庭を眺めていると時を忘れる。冬は雪が二メートルも積もるそうだ。苔は雪の下で寒さに耐え、春の雪解けで甦ることで、深い緑になる。

現在も十三代当主の村山義朗氏が貞観園を守っておられる。何代にも渡って家を守り、次に繋げることは並大抵の事ではない。十一代当主村山亀一郎正紀は戦前に財団法人を作り、貞観園を保存する礎を作った。現在も美しい庭を維持するために、庭師と話し合いながら一つ一つの手入れを決めておられる。それぞれの当主のたゆまぬ努力が、この庭園の美しさを守っているのだ。

園内の門をくぐり、主屋貞観堂（左下）に向かう途中にある、1936年に柏崎市出身の庭師、田中泰阿弥により作庭された石庭。田中は第11代当主、村上亀一郎正紀と親交があった。田中は京都から石を運ばせ、この庭を作庭した。元は白川砂の庭だったが、今は美しい苔に覆われた苔庭となっている。田中泰阿弥は1929年銀閣寺の「洗月泉」の滝石組を発見し、銀閣寺の専属庭師となった。柏崎には庭園文化が栄える風土があるのだろう。

貞観園

元は江戸時代より岡崎町で大庄屋だった村山家の私庭で、一九三一年より一般公開されるようになった。敷地面積約七千六百平方メートルの広い園内にある苔の種類は百種類を超え、京都の西芳寺に次ぐ。園名の由来は、柏崎北条出身の儒学者、藍澤南城が中国の詩から取って主屋を「貞観堂」と命名したことによる。貞観は、おごりや怠け心を捨てて、物事を正面から見るという意味。国指定名勝。

〔主な来歴〕

江戸時代

1784年（天明4年）
村山家五代当主が後に「貞観堂」となる主屋を建設。

1843年（天保14年）
儒学者、藍澤南城により主屋が「貞観堂」と命名される。

近現代

2009年（平成21年）
「貞観堂」の大規模修理を実施。

〔作庭〕

江戸時代

江戸後期から明治初期
五代当主の時代より庭園造りを開始し、その後、八代、九代、十代当主の時代に造園、改修を経て「**貞観園**」（*124*〜*133*頁）の基礎が出来上がる。八代、九代当主の時代に幕府庭師、九段仁右衛門と藤井友之進が作庭に携わる。

近現代

1936年（昭和11年）
田中泰阿弥が石庭（*132*頁）を作庭。

所在地とアクセス｜新潟県柏崎市高柳町岡野町593
信越本線「柏崎駅」からバス「高柳農協前」下車、徒歩3分
見学｜6月〜11月までの開園期間のみで9時〜17時（月曜休み ※祝日は直近の平日が休み）
大人500円　中・小人250円

「観瀑亭」（左）と茶室「抱月楼」。園内の庭の鑑賞は主屋の南縁側から行うが、
開園期間中は月に一度、庭の中を散策できる機会が設けられている。

白龍園

Hakuryu en

〈京都市左京区〉

青野正一氏が二ノ瀬の山に入った時、100年以上もの間放置されていた祭祀の跡が見つかった。1963年その場所に、長寿の神「白髭大神」と商売の神「八大龍王」をお祀りし、祠と大鳥居を建立して白龍神社を興した。その神様の名前を取って「白龍園」と名付けられた。

二ノ瀬の山を借景にした白龍園の庭。右には鶯亭、左には青野正一氏が愛した七重塔が見える。
鶯亭は、最初に造られた東屋。釘を使わない喰い合わせ式で、屋根は杉皮葺。

澄みわたる渓谷の庭

苔が美しい庭園は、どこにも気持ちの良い「気」が流れている。すぐ近くに水が流れていたり、山の冷気が流れ込むという気候的な条件もあって、常に気持ちの良い空気が漂っている。しかしそういう場所は人智を超えた何かが働いているように思える。そこの場所を訪れただけで、何か気力をもらえるような空気がある。そんな良い気を感じる庭は、何度訪れても飽きることがない。

私にとって白龍園はそんな庭の一つだ。山の静けさ、澄んだ空気、綺麗な水、美しい樹々や可愛い山野草たち…ここの景色を見ると、気持ちが晴れやかになる。その中でも一番心奪われるのは、庭に広がる美しい苔だ。白龍園の苔は金色に輝いていて、どの季節に訪れても美しい。水が豊富な山あいの土地なので湿気も多く、苔が生える場所として適している。また柔らかい陽の光が差し込み、美しい苔が育つ。

白龍園は、庭師さん達が丁寧に苔のお手入れをされている。草取りや落葉の掃除は、全て手作業。ここの苔を見れば、手をかければかける程苔が美しくなることがよくわかる。しかし白龍園の苔は甘やかされていない。雨が降らない時期でもあえて水は撒かず、自然の天気に任せ、日照りに強い苔作りをされている。アメとムチのお手入れによって、白龍園の苔はフカフカに育つ。

白龍園は借景も美しい。二ノ瀬の山並みや、東屋から眺める奥行きのある風景。それらの景色が楽しめるのは、遮る塀や垣根が一切無いからだ。庭から山へ続く景色がずっと繋がって見える。所有者である青野株式会社の初代の青野正一氏は、周りの景色を取り込むことにこだわって庭園を作り上げた。そして今もその精神が守られ、自然の広々とした景色が広がる。

一度イスラエルの方を白龍園にお連れした時、美しい庭を見て「この場所は僕の故郷にそっくりで、とても落ち着きます」と仰って、驚いた事がある。私の中ではイスラエルは乾燥した砂漠の国のイメージだったが、彼の故郷は緑が多く、川が流れ、苔が美しい場所だそうだ。しばらく故郷に戻っていない彼にとって、白龍園は束の間の安らぎを感じる場所だった。庭や苔の美しさは、国境を越えて人の心を打つのだと思った。

誰にでも心落ち着く風景がある。日本人にとって美しい苔の風景は、心象風景として心の中にある。渓谷の岩に生える苔の景色に私達は心がホッとする。白龍園の庭はそんな景色が楽しめる場所。ここに来ると、心が安らぐのがよくわかる。

理想の庭は一から作り上げられた

一九六二年に青野株式会社（京都の老舗アパレルメーカー）の創業者、青野正一氏はこの地、二ノ瀬・安養寺山（つつじ山）を購入し、整地と開発を決心して一から庭を作り始めた。庭作りは全くの素人だったが、戦時中の土木工事の経験を生かして理想の庭を作り上げた。その時手伝ったのは会社の社員や地元の人達。当時運転手として常に青野氏と行動を共にしていた水相氏もその一人。以後五十七年、今も庭師としてお手入れをされている。「初代には本当にお世話になりました。親父よりも深い関係。ご恩返しですな」素敵な関係がこの庭を支えている。

すべては手作業で行われ、守られる

白龍園の庭師さん達の苔のお手入れは細やかだ。苔へのダメージを少しでも減らすため一切ブロワーを使わず、苔の上の落ち葉や枯れ葉を全て手で拾う。雑草も一つずつ取っているため、手間がかかっている。現在は青野正一氏のお孫さんの青野雅行氏が意志を引き継ぎ、庭を守っている。八年前から春と秋の一般公開にも踏み切られた。春の桜、秋の紅葉、そして苔、全てが美しい。

広場から階段を上がると、さらに一段と見晴らしが良くなる。
苔に覆われた斜面と敷石が美しい。

苔むした東屋の清風亭は広場の南側の突端に建ち、叡山電車が後ろを通る。

東屋からの重なり合う景色

白龍園では周りの景色も庭園の中に取り込むため塀や柵がない。二ノ瀬の山並みが借景となり、広々とした景色が演出される。五つある東屋から額縁効果で見る景色（写真は鶯亭）は、木々の葉の色が重なり合い、奥行きのある美しさを感じる。

スギゴケ、ハイゴケ、カモジゴケなど80〜90種に上る苔は毎年のように面積を広げ、岩をも覆う。

上｜春は桜やミツバツツジ、初夏は新緑、秋は紅葉と訪れる季節によって印象が異なるのも魅力。
下｜福寿亭からの眺め。園内ではイワウチワやユキノシタなどの山野草にも出会える。

白龍園

鞍馬の手前にある、古来より霊域とされていた二ノ瀬の里、安養寺山（つつじ山）にあり、故青野正一氏（京都の老舗アパレルメーカー、青野株式会社の創業者）がこの地一帯を手に入れたことを契機に、社員家族、地元の人々と共に自ら整地し、庭を造り上げた。当地に伝わる歴史や信仰を敬う青野氏の想いが形になった庭は、代々引き継がれ、管理されている。二〇一二年秋より春と秋の限定公開が行われている。

【主な来歴】

1963年（昭和38年）
白龍園と名付け、開山。

近現代

【作庭】

1962年（昭和37年）
青野株式会社の創業者、青野正一が安養寺山一帯を購入し、整地、造園を行う。

所在地とアクセス｜京都府京都市左京区鞍馬二ノ瀬町106／叡山電車「二ノ瀬駅」より徒歩7分
見学｜年に2回、春と秋の公開期間のみ／一般観覧10時～14時（受付終了13時30分）
大人 1,300円～1,600円（小学生は半額）※予約観覧は14時～16時（受付終了15時30分）大人 2,300円～2,800円

大河内山荘庭園

okochi sanso teien

〈京都市右京区〉

銀幕スターが遺した もてなしの庭

昭和の銀幕のスター、大河内傳次郎の自邸だった大河内山荘。ここには彼のこだわりが庭に詰まっている。「丹下左膳」などのヒット映画で大スターとなった大河内傳次郎は、一九三一年（昭和六年）三十四歳の時に撮影所から近い嵐山の亀山の地を求め、一山全てを自分の理想の庭に変えた。庭師と共に山を切り開き、庭を作ったというから驚きだ。彼は六十四歳で亡くなる三十年もの間、庭園作りに没頭し、映画の出演料のほとんどを庭につぎ込んだ。彼は敬虔な仏教徒で、敷地の中に持仏堂を建て、撮影の合間もここでお経を読んだ。自分の成功があるのも全て神仏のお陰と感謝していた。まるで修行僧のようだ。

茶室「滴水庵」へ向かうもみじの林の道は、一歩一歩がワクワクさせる。それは飛石のバランスが良いからだ。飛石を歩くと歩みが少し緩やかになり、周りの景色をゆっくり眺められるようになる。もみじを愛でながら苔の中を進むと、心が浄化されるようだ。露地の庭は、お客様が茶室までの自然を楽しむ空間。もてなしはすでに庭から始まっている。大河内傳次郎はそういった演出が巧みだ。友人達を呼んでもてなしたというエピソードもうなずける。きっともてなし上手な人だったに違いない。大河内傳次郎の美意識と気遣いが、この庭から伝わってくる。

一度オランダのテレビ局の撮影クルーに、どこか撮影に良い庭はないかと聞かれてここに案内したことがある。俳優として成功し、素晴らしい庭園を作った大河内傳次郎のことを彼らは「ジャパニーズドリームを実現した人物」と呼んでいた。そしてどんなに文明が進んでも、喧騒から離れた山中にこんな素晴らしい庭がある日本という国に感動していた。聞けば前日に東京でロボットレストランの取材をしたばかり。日本は最新のテクノロジーと伝統的な庭園文化が共存する面白い国だと、番組でも紹介していた。どんなに文明が進んでも、人は心安らげる庭を求めるのだ。

茶室「滴水庵」へ続く飛石は景色を楽しめるよう緩やかなカーブを描く。

美しい苔はハイゴケや山苔。特別な手入れをしなくても一年中枯れることがない。

嵐山の絶景に浸る

庭の中にはいくつか展望ポイントがあり、庭園内を散策する楽しみが増す。保津川の渓谷と大悲閣（嵐山の禅宗の寺）を望む景色は嵐山ならではの絶景。また高台にある月香亭からは京都市内を一望出来る。美しい景色を取り込むことも良い庭園の要素。大河内傳次郎は土地の利を生かし、周りの景色を楽しめるパノラマ庭園を作った。俳優であり、素晴らしい作庭家だ。

月香亭からの眺め（右）。保津川を隔てて嵐山とその山腹にある大悲閣が見える（左）。

霰こぼしの散策路で巡る

月香亭から山を降りる道は霰（あられ）こぼしの延段が続く。霰こぼしとは、小石を敷き詰めて石畳の道にしたもの。空から降ってくる霰をこぼしたようなのでその名が付く。ここの霰こぼしは石の組み合わせ方や色、全体の形などが美しい。土や泥で汚れない機能性もあるが、このデザインのお陰で下り道がとても楽しいものになる。

大河内傳次郎が晩年を過ごした、寝殿造、書院造、数寄屋造を取り入れた大乗閣（だいじょうかく）(右)。近年新しく建てられた妙香庵（みょうこうあん）は、大河内傳次郎の妻、妙香さんの菩提所。妙香さんは大河内傳次郎の死後35年間ここに住み、この場所を守った。美しい木彫りの仏像は持仏堂にあったもので、大河内傳次郎が大切にしていたもの。九州の実家に立っていた大杉から彫られた。背景がガラス窓なので、仏像と周りの自然が一体となって見える（妙香庵が開いている日や時間は不定期なので要確認）。

大河内山荘庭園

百人一首で知られる小倉山・亀山にあり、昭和初期の映画俳優、大河内傳次郎（一八九八—一九六二）の元自邸。福岡出身の大河内傳次郎は、隻眼隻手の時代劇のヒーロー「丹下左膳」が当たり役となり、豊前なまりのセリフで人気を博した。山荘は約七千坪の広大な敷地を有し、園内からは、嵐山や比叡山、保津川他、京都市内が一望できる。中門、大乗閣、持仏堂、滴水庵は国登録有形文化財。

【主な来歴】

1931年（昭和6年）
大河内傳次郎が三十四才の時に亀山を購入し、山荘の造営を開始。

1965年（昭和40年）
一般公開を開始。

近現代

【作庭】

大河内傳次郎が亡くなるまでの約三十年、庭師と共に敷地内の造園を行う。

所在地とアクセス｜京都府京都市右京区嵯峨小倉山田淵山町8／京福電車「嵐山駅」より徒歩約15分／市バス・京都バス「野々宮」下車、徒歩約10分

見学｜9～17時（無休）／大人 1,000円（抹茶付）　小中学生 500円（抹茶付）

大河内傳次郎が天塩にかけた夢のような庭園には、著名な俳優が数多く訪れたという。
写真は瓦を使った延段。様々な瓦による変化のあるデザインが美しく、歩くのが楽しい。

アマン京都

aman kyoto

〈京都市北区〉

右｜洛北の地、金閣寺の裏手の鷹峯三山麓の豊かな自然の中に「アマン京都」はある。
広い敷地内に巡らせた石の延段が美しい。
上｜天ヶ峯への四十三段の大階段。上る時は少し段差がきつい石段だが、下りる時に階段を見ると、
全ての段が繋がって坂のように見える。上りと下りの景色が変わるように石を据えた、石工の技が伝わる石段。

1615年、琳派の創始者・本阿弥光悦は徳川家康から鷹峯の地を拝領し、光悦村という芸術村を作った。光悦の死後、彼の屋敷は光悦寺となった。この由緒ある自然豊かな鷹峯の地に、西陣織の機屋の社長だった初代オーナーが、織物美術館を建てるため庭園を作った。桁違いに大きい石を使った石垣や敷石の道は、まるで遺跡のように美しい。

前オーナーの夢を引き継ぐ遺跡のような庭

子供の頃の遠い記憶に、友達と忍び込んだ庭があった。家などの建物もなく、誰も住んでいない場所だったが、自然の木々と苔が広がるとても美しいところだった。大きな石が至るところに据えられ、巨石が積まれ、大きな石垣もあった。それはまるで何百年も忘れられた遺跡のようだった。子供心に感動し、その景色をずっと忘れられずにいた。大人になっても時々思い出しては、私が石好きになったのはあの庭の影響だろうかと思っていた。

それから30年後、アマン京都がオープンした場所を聞いてびっくりした。私が子供の頃忍び込んだ場所かもしれなかったのだ。お庭を見せてもらう機会に恵まれ、ドキドキしながら見に行った。リビング棟からの景色を見て驚いた。私が子供の頃に見たそのままの景色が、目の前に広がっていた。美しい自然と苔、そして巨石の数々……。ああ、再びここに戻ってきたんだなと思った。三十年の時を経て、再びこの庭と巡り会った。

この庭園は、西陣織の機屋だったかつてのオーナーが自身のコレクションを展示する織物美術館を建設するために、半世紀以上かけて作り上げた場所。大きな石を使った石垣や丹波石の敷石の道は他にはないスケールで、その景色に圧倒される。当初水の確保が難しく、雨水を貯める設備が幾つか作られたが、それらは全て古墳の石室のような石積みで出来ている。人工的なものが一切無い空間は、紀元前に栄えた文明の遺跡を思わせる。石垣の石積みや敷石のデザインも美しく、苔むした石に木漏れ陽が射すと、何とも言えない光景になる〟まるで古代にタイムスリップしたようだ。自然と石の景色にこだわった、初代オーナーの美意識が庭に溢れている。

アマンのリゾートを数多く手掛ける建築家、ケリー・ヒルは約二十年前にこの地を訪れ、庭に一目惚れした。その時からずっとここでのリゾート建設を構想し、ラフスケッチまで描いていた。アマンとなってからも最初のオーナーが作り上げた庭の姿はほぼそのままで、ほとんど手が加えられていない。何よりもこの特別な庭を守ることが最優先だった〟ケリー・ヒルも私と同様、この庭の魅力に取りつかれた一人だったのだろう〟

上｜雨水を貯めるための設備。美しく石が積まれた石垣はまるで遺跡のよう。
下｜オープンテラスの前に広がる、苔と巨石の「ケリーヒル ガーデン」。
庭園内には、この庭を愛した設計者のケリー・ヒルの名を刻んだメモリアルプレートがある。

土地由来の苔を手入れし、育てる

ホテルの建設が始まる前に、山田造園の山田隆之社長はコツボゴケなど以前から自生していた苔にハイゴケ、スナゴケをブレンドし培養。苔の育成に適した富山県で二年間養生を行った。建設後に運び入れ植栽したところ、各場所で気候や条件に合ったものが繁殖し金色に輝く苔の庭となった。現在も昔からの庭の美しさを生かしてお手入れされている。新旧の庭師の技術が受け継がれ、この庭はこれからも守られていく。

149ページの階段を上り切ったところには水を溜めるための石室にも似た貯水槽がある。古墳のような美しい石積みに目が奪われる。日本の石工の技術は素晴らしい。

アマン京都

国内では3軒目となるアマンのホテルで、2019年に開業した。設計は、ケリー・ヒル アーキテクツ。山を含めると約32万平方メートルという広大な敷地を有し、庭園は前オーナーの西陣織の機屋が織物美術館の建設を目指して、半世紀以上かけて作り上げてきた庭園を造園会社と共に引き継いだ。その土地の風土に寄り添い、伝統文化の継承を掲げるアマンの理念が反映されている。完成までに20年の歳月を要した。

所在地とアクセス｜京都府京都市北区大北山鷲峯町1番／「京都駅」より車で30分
庭園の見学｜宿泊客に解放されている。敷地内施設の利用客は一部見学可能

海外へ伝わった日本庭園の魅力

十九世紀、万国博覧会で紹介された日本文化はヨーロッパで大流行する。日本のパヴィリオンが話題となり、浮世絵などの日本美術はモネやゴッホなど多くの芸術家達に影響を与えた。「ボレロ」の作曲家として有名なラヴェルもパリ万博の影響で日本好きとなり、自宅に日本庭園まで作っている。写真で見ると、どこが日本庭園なのだろう?と思うが、松やもみじの木が植えられ、小さな池もある。ラヴェルが日本を訪れることはなかったが、日本への憧れから日本庭園まで作ってしまった。彼の違った一面がうかがえて面白いエピソードだ。ご自慢の日本庭園を眺めながら異国の地に想いを巡らせ、作曲をしていたのかもしれない。

　イギリスのロック歌手、デヴィッド・ボウイも日本通として有名で、何度も京都を訪れ日本庭園を巡っている。彼はCMの撮影で訪れた正伝寺で、比叡山が借景となった枯山水庭園*1を眺めながら涙を流したそうだ。また一九七七年に発表されたアルバム「ヒーローズ」に収録された「Moss Garden（苔庭）」は、彼が西芳寺（苔寺）を訪れた時にインスパイアされて書いた曲。彼の歌声は一切入らないインストゥルメンタルの曲で、ボウイは日本のファンからプレゼントされたおもちゃの琴を演奏したり、小鳥の囀（さえず）りを入れたりしている。彼が庭で感じたものや、日本での思い出が表現された美しい曲だ。

　日本庭園には、世界中の芸術家やアーティストが共感する普遍的な美しさがある。また西洋庭園と違い、日本庭園は禅の思想や宗教的な意味がテーマとなっている。庭を眺めるだけで心が落ち着き、穏やかな気持ちになるのは、庭に精神性があるからだろう。日本庭園でゆっくり桜や紅葉など自然の景色を愛でることは一つの「メディテーション（瞑想）」だと思う。

　大徳寺の塔頭、瑞峯院の前ご住職が「庭を眺める時は、ゆっくり呼吸してたくさん良い空気を吸いなさい。そうすると心が整う。心が整うと、余裕が生まれる。余裕が生まれると、己を知ることが出来る」と仰っていた。己を知ることで、素晴らしい芸術が生まれるのかもしれない。

*1 白砂とサツキ等の刈込だけで構成された庭で、「獅子の児渡し」と称されている。京都市北区。作庭者は諸説あり。

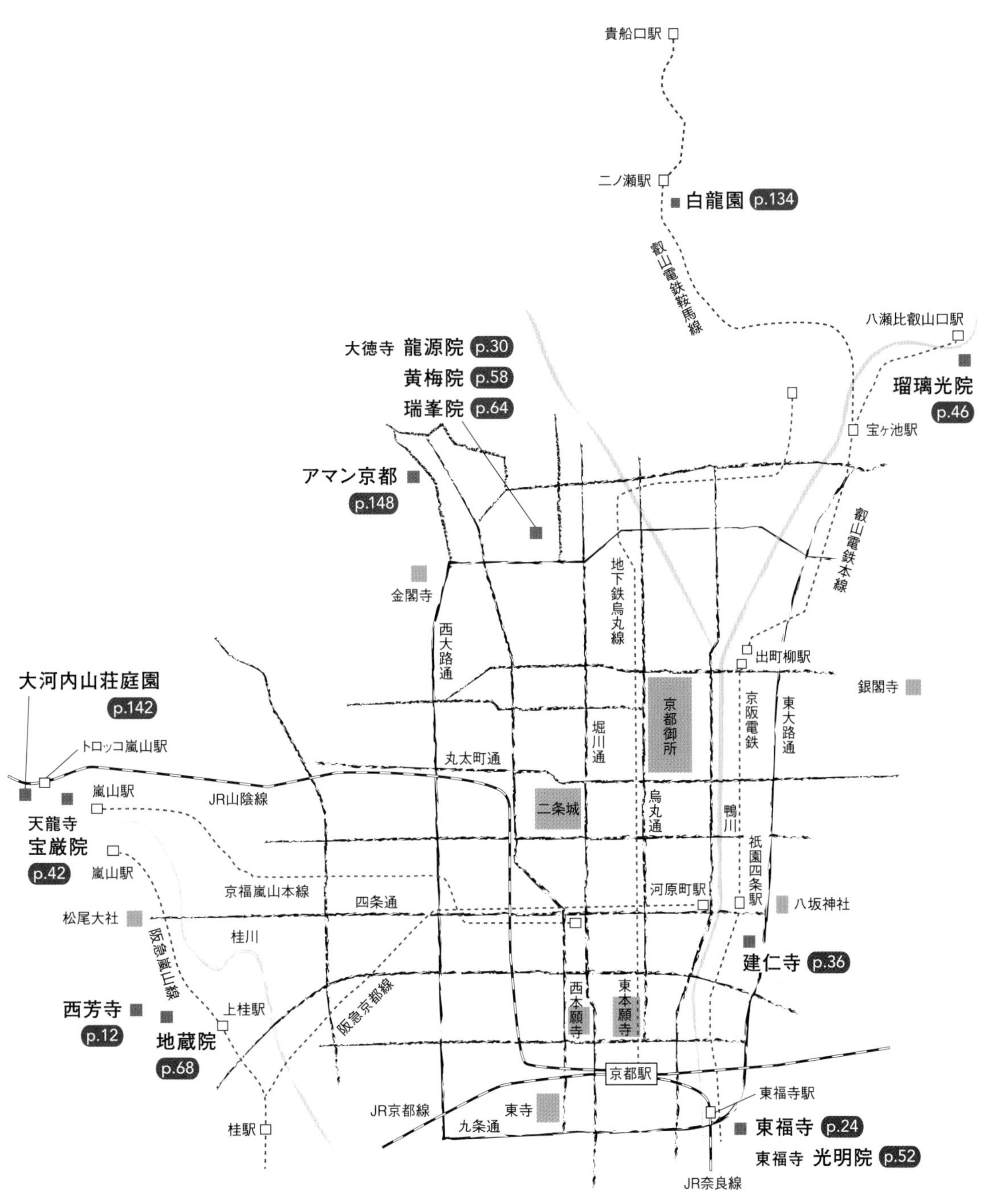

貴船口駅
二ノ瀬駅
白龍園 p.134
叡山電鉄鞍馬線
八瀬比叡山口駅
瑠璃光院 p.46
宝ヶ池駅
大徳寺 龍源院 p.30
黄梅院 p.58
瑞峯院 p.64
アマン京都 p.148
叡山電鉄本線
金閣寺
地下鉄烏丸線
西大路通
出町柳駅
銀閣寺
大河内山荘庭園 p.142
京都御所
京阪電鉄
東大路通
堀川通
トロッコ嵐山駅
丸太町通
嵐山駅
JR山陰線
二条城
烏丸通
鴨川
天龍寺
宝厳院 p.42
祇園四条駅
嵐山駅
京福嵐山本線
河原町駅
四条通
八坂神社
松尾大社
桂川
阪急嵐山線
建仁寺 p.36
西本願寺
東本願寺
西芳寺 p.12
地蔵院 p.68
上桂駅
阪急京都線
京都駅
東福寺駅
JR京都線
東寺
九条通
桂駅
東福寺 p.24
東福寺 光明院 p.52
JR奈良線

京都の庭園ガイド

作庭家

本書に登場した主な作庭家を時代順におさらいしましょう。

日本庭園は、主に池泉、枯山水、露地（茶庭）の様式に分けられ、その始まりは「日本書紀」の記述から飛鳥時代とされています。最初の様式である池泉庭園は平安時代に発展し、室町時代に枯山水、安土桃山時代に露地が完成しました。

平安時代　鎌倉時代　南北朝時代　室町時代　安土桃山時代　江戸時代　近現代

夢窓国師（疎石） むそうこくし（そせき）

1275〜1351年。禅宗の高僧で、死後も含めると歴代天皇より七つの国師号を賜った。諸国を行脚し、各地の景勝地に庵を結び、禅の修行の場を兼ねた空間として庭園の作庭に携わったとされる。京都の西芳寺、天龍寺や岐阜の永保寺の庭園が有名。

千利休 せんのりきゅう

1522〜1591年。堺の豪商の家に生まれ、幼少より茶を学び、茶事を芸術の域にまで高め、「茶道」を大成した。草庵の茶室に茶道によって生み出された、草庵の茶室に面した露地（茶庭）は、縮景を表す日本庭園の伝統において、新しく等倍の自然風景を作り出した。七十才の時、大徳寺三門に置いた自身の像を巡って、秀吉に切腹を命じられ、自刃した。

小堀遠州 こぼりえんしゅう

1579〜1647年。大名であり茶人。本名は政一で、遠州の名は、1608年に遠江守となったことに由来する。幕府の建築及び造園を指揮する普請奉行、作事奉行として活躍する。諸芸に通じ、茶道では古田織部に師事し、「綺麗さび」と呼ばれる遠州流の祖となる。南禅院の塔頭、金地院庭園や二条城の二ノ丸庭園の改修など。

重森三玲 しげもりみれい

1896〜1975年。岡山県出身。昭和を代表する作庭家で、日本庭園史研究家。1931〜1938年の三年間に、私財を投じて全国の庭を実測調査し、二百四十三の庭を「日本庭園史図鑑」全二十六巻にまとめた。その翌年に、東福寺、光明院、芬陀院の庭を同時に作庭及び修復し、以後、二百近くの庭を作った。

◉その他の作庭家

本書に登場していないものの、庭園史を知る上で重要となる人物を紹介します。

雪舟 せっしゅう

1420〜1506年。禅僧であり画家で、水墨画を大成したことで知られる。1467年に周防（山口県）より明に渡り、帰朝後、作庭に携わった。山口県の常栄寺庭園などが有名。中国地方を中心に西日本には、伝雪舟作と伝えられる庭が多く見られる。

七代目小川治兵衛 おがわじへい

1860〜1933年。京都の庭師で、七代目小川治兵衛。通称「植治」。近代庭園の先駆者で、明治の元勲・山形有朋の別荘の無鄰菴庭園などを手掛ける。無鄰菴庭園は、琵琶湖疎水の水を取り込んで設計し、その巧みな手法はその後多くの影響を与えた。

中根金作 なかねきんさく

1917〜1995年。昭和の小堀遠州と呼ばれ、約三百の庭を作庭すると共に、西芳寺、金閣寺、銀閣寺、兼六園など四十カ所に上る名庭の修復などに携わる。主な庭園に、京都の城南宮楽水苑、妙心寺塔頭退蔵院の余香苑、島根の足立美術館庭園の他、ボストン美術館日本庭園天心園などがあり、その活躍は日本国内にとどまらず、海外にも及んだ。

庭園用語

本書に登場した庭園にまつわる用語を解説します。

東屋　あずまや
壁がなく屋根をふいただけの休息所となる小屋。四阿とも書く。

石組　いわぐみ
自然石を複数組み合わせて配置したもの。「いしぐみ」とも呼ぶ。

亀島　かめじま
蓬莱山を背負っている伝説の巨大な亀、鼇（ごう）を表した島。

刈込　かりこみ
庭木を剪定して、形を整えたもの。

枯山水　かれさんすい
日本庭園の様式の一つで、水の代わりに小石や砂を水に見立てた石を組んだ庭。

枯滝石組　かれたきいわぐみ
滝を構成する石組で、水が無い枯山水庭園のものを指す。

九山八海　くせんはっかい
仏教世界の中心にそびえる須弥山とこれを取り巻く七つの金山と鉄囲山があり、その間にある八つの海のこと。

沓脱石　くつぬぎいし
玄関や縁側などに据えられた石で、履物を揃えて脱ぐために置かれた。

景石　けいせき
景として据えられた石のこと。

護岸石組　ごがんいわぐみ（いしぐみ）
園池や流れなどの水際に組まれる石組。岸の土が崩れないようにした石組などのこと。

作庭記　さくていき
平安時代末期に書かれた日本最古の作庭書。著者は関白藤原頼道の子、橘俊綱とされる。頼道は、父の藤原道長より宇治の別荘を譲り受けて平等院を創建した。

座禅石　ざぜんせき
平らな石で、修行僧がその上で座禅を組んだという言い伝えが由来となっている。

砂紋　さもん
敷砂の上に線で描いた模様のこと。

三尊石　さんぞんせき
三尊仏を表した石組。中央の中尊石、左右の協侍石の三石で構成される。

借景　しゃっけい
庭の敷地外にある風景を取り入れたもの。

須弥山　しゅみせん
仏教の世界観において、世界の中心となる山。妙高山とも呼ぶ。

書院　しょいん
床の間の脇に窓付きの張り出しがある客間。

白砂　しらすな
主に枯山水庭園の敷砂に使われる。最も代表的な白川砂は京都の白川石が粒状になったもので平安時代から使われていたが、現在では採掘禁止になっている。

真行草　しんぎょうそう
書道における真書、行書、草書に由来し、真は正格、草は崩したもの、行はその中間として、書道以外にも様式を表す表現に用いられるようになった。

心字池　しんじいけ
「心」の字に似せた形の池。

数寄屋建築　すきやけんちく
茶室風に作った建物。

洲浜（州浜）　すはま
海岸線を表現したもの。

立石　たていし
立てて据えた庭石。

池泉回遊式庭園
ちせんかいゆうしきていえん
日本庭園の様式の一つで、庭園の池を伴う池泉庭園において、池の周りを歩いて鑑賞できる様式を指す。船で巡る周遊式もある。

茶庭　ちゃにわ
→露地（ろじ）

手水鉢　ちょうずばち
手や心身を清めるための水を入れた器。

築山　つきやま
土を盛って造った山。池泉庭園では、池を掘った土を利用することが多かった。

鶴島　つるじま
鶴を表現した島。

灯籠（石灯籠）
とうろう（いしどうろう）
仏や神に捧げる献灯具であったが、安土桃山時代から露地の灯りとして用いられるようになり、庭園の添景物となった。

飛石　とびいし
通路の歩行用に地面に一つずつ離して並べた石。飛石の打ち方には様々な種類がある。

延段　のべだん
石を敷き詰めた通り道で、様々な意匠があり、真行草に分類される。

方丈　ほうじょう
寺院の中にある、住持の居室。

蓬莱山　ほうらいさん
古代中国の道教の蓬莱神仙思想を由来とし、不老不死の薬を持つ仙人が住む山。

蓬莱島　ほうらいとう
蓬莱山がある島。蓬莱島とともに、瀛洲（えいしゅう）、壺梁（こりょう）、方丈の四島で四神仙島と称する場合もある。

都林泉名勝図会
みやこりんせんめいしょうずえ
江戸時代（寛政11年）に出版された、京都の庭園や名勝を紹介した本で秋里籬島著。林泉は庭園の意味。

夜泊石　よどまりいし
蓬莱神仙世界に宝物を求めて向かう船が、一列に停泊している様を表す。

鯉魚石　りぎょせき
登龍門に登場し、滝を登り、やがて龍に成る鯉を表したもの。

龍門瀑　りゅうもんばく
中国より伝わった、立身出世や成功の関門となる登龍門の伝説を石組で表したもの。

露地　ろじ
日本庭園の様式の一つ。茶室に付随した庭で、「市中の山居」を理想とした。茶庭（ちゃにわ）とも呼ぶ。

二〇二〇年の春、今まで経験の無い出来事が起こった。仕事は全てキャンセルとなり、取材も困難となり、不安な日々が続いた。そんな中、心癒されたのは京都の北山の自然だった。苔むした石や滝、川、林、山並み……美しい自然はいつもと変わりなく、花が咲き、新緑が芽吹いていた。その光景は日本の自然信仰を思い起こさせた。何事にも左右されないマザーネイチャー。庭園の原点は、こういった自然への憧れや安堵からきているのだろう。

今回取材にご協力いただいた皆様には心から御礼を述べたい。大変な状況下にも関わらずご親切にご対応をいただき、心救われた。フォトグラファーの野口さとこさんには再び素敵な写真を撮っていただいた。彼女が撮影すると景色がアートになる。デザイナーの湯浅さん、エクスナレッジの鴨田さんにも大変お世話になった。鴨田さんのお父様にも御礼申し上げたい。

早く皆さんが心から安心して、庭園を眺められる日々が戻ってくるよう、心からお祈りしています。

二〇二〇年 小雪　烏賀陽 百合

烏賀陽 百合（うがや ゆり）

庭園デザイナー、庭園コーディネーター。
同志社大学文学部日本文化史卒業。兵庫県立淡路景観園芸学校、園芸本課程卒業。カナダ・ナイアガラ園芸学校で園芸、デザインを3年間勉強。またイギリスの王立キューガーデンでインターンを経験。これまで30ヵ国を旅し、世界の庭園を見て回る。2017年3月にニューヨークのグランドセントラル駅の構内に石庭を造り、日本庭園のある空間をプロデュースした。東京、大阪、名古屋、広島など全国で庭園講座や、NHK文化センター、毎日新聞旅行などで庭園ツアーを開催。また京都紀行番組などで庭園を紹介する。

《主な著書》

「一度は行ってみたい 京都 絶景庭園」（光文社知恵の森文庫）
「しかけに感動する京都名庭園」（誠文堂新光社）
「京都 もてなしの庭」（青幻舎）等

《参考文献》

「庭園・植栽用語辞典」吉河 功監修　日本庭園研修会編（井上書院）
「日本庭園 図解雑学」重森千靑（ナツメ社）
「すぐわかる日本庭園の見かた」尼崎博正（東京美術）
「コケ フィールド図鑑」井上 浩（東海大学出版会）
「新装版 山溪フィールドブックス8 しだ・こけ」岩月善之助、伊沢正名（山と溪谷社）
「苔三昧－モコモコ・うるうる・寺めぐり」大石善隆（岩波書店）
「かくれ里」白洲正子（講談社文芸文庫）

美しい 苔の庭

京都の庭園デザイナーがめぐる

2021年1月18日　初版第1刷発行
2024年5月22日　　　第3刷発行

著　者　烏賀陽百合

発行者　三輪浩之

発行所　株式会社エクスナレッジ

〒106-0032 東京都港区六本木7-2-26
https://www.xknowledge.co.jp/

問合わせ先

［編集］TEL 03-3403-6796　FAX 03-3403-0582　info@xknowledge.co.jp
［販売］TEL 03-3403-1321　FAX 03-3403-1829